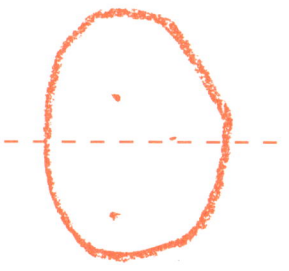

ウー・ウェンの
野菜料理は
切り方で決まり！

文化出版局

目次

切り方で野菜はおいしく変わります　4

葉

青梗菜　9
二つ割り✖青梗菜のかにあんかけ　10
四つ割り✖青梗菜と干しえびのオイスターソース炒め　11
そぎ切り✖青梗菜と豚肉炒め　11

白菜　12
縦長切り✖白菜と肉だんごの煮物　13
軸のせん切り✖白菜の甘酢あえ　14
軸のそぎ切り✖白菜の豆板醤炒め　14
葉の大切り✖白菜と羊肉のしゃぶしゃぶ　15
葉のせん切り✖白菜と豆腐の春雨スープ　15

キャベツ　16
二つ割り✖キャベツと鶏手羽の煮物　17
四つ割り✖蒸しキャベツの豚肉炒めがけ　18
六つ割り✖キャベツの焦がししょうゆ焼き　18
乱切り✖回鍋肉　19
せん切り✖キャベツのシンプル炒め　19

長ねぎ　20
ぶつ切り✖長ねぎと豚肉のしょうゆ煮　21
細切り✖長ねぎと油揚げのみそ炒め　22
青い部分の小口切り✖水餃子　23
白い部分の小口切り✖卵のスープ　23
斜め切り✖羊肉と長ねぎ炒め　24
斜め薄切り✖さわらのねぎ油がけ　24

野菜の風味を上手に引き出すために
調味料、香辛料、乾物　25

茎

たけのこ　26
乱切り✖たけのことスペアリブの煮物　27
くし形切り✖たけのことと豚肉の塩炒め　28
角切り✖たけのこの混ぜご飯　28
細切り✖たけのこと鶏肉炒め　29
みじん切り✖たけのこと油揚げのスープ　29

セロリ　30
棒状✖セロリと牛肉炒め　31
さいの目切り✖セロリとえびのあえ物　32
斜め薄切り✖セロリと厚揚げ炒め　32
葉のざく切り✖セロリの葉の卵焼き　33
葉のみじん切り✖セロリの葉の炒飯　33

玉ねぎ　34
丸ごと✖玉ねぎスープ　35
厚い輪切り✖玉ねぎと牛肉炒め　36
くし形切り✖焼きそば　36
薄い輪切り✖玉ねぎの黒酢しょうゆあえ　37
みじん切り✖焼売　37

アスパラガス　38
たたいて2等分✖アスパラガス、帆立のXO醬風味　39
たたいて4等分✖アスパラガスと卵炒め　40
乱切り✖アスパラガスとあさりの酒蒸し　40
斜め薄切り✖アスパラガスうどん　41
小口切り✖アスパラガスの炒飯　41

本書の決り
・塩は天然塩を使用。「油」と表記したものは、生しぼりのごま油「太白ごま油」を使っています。サラダ油で代用しても結構です。
・1カップは200ml、1合は180ml、大さじ1は15ml、小さじ1は5ml。
・炒め鍋はフッ素樹脂加工(こびりつき防止加工)のものを使っています。

根

大根 42
厚い輪切り✕大根と牛すね肉の煮物　43
乱切り✕大根と干し貝柱の煮物　44
小角切り✕大根の雑穀入りスープ　44
細切り✕大根とじゃこ炒め　45
長いせん切り✕大根のねぎ風味あえ　45

ごぼう 46
長い乱切り✕ごぼうとにんじんの揚げ煮　47
たたいて5㎝長さに切る✕ごぼうとちくわの炒め煮　47
長いささがき✕四川風ごぼうと豚肉炒め　47

にんじん 48
3等分✕にんじんと牛肉の煮物　49
乱切り✕にんじん、じゃがいも、玉ねぎの炒め煮　50
さいの目切り✕にんじんと鶏ささ身炒め　50
せん切り✕にんじんのシンプル炒め　51
長いせん切り✕にんじんとマンゴーのあえ物　51

蓮根 52
厚い輪切り✕蓮根と豚肉の重ね蒸し　53
薄い輪切り✕蓮根と菊の花のあえ物　54
棒状✕蓮根といかの煮物　54
小角切り✕蓮根としょうがのスープ　55
みじん切り✕焼き餃子　55

じゃがいも 56
四つ割り✕じゃがいもの炊込みご飯　57
くし形切り✕じゃがいものごままぶし　58
薄切り✕じゃがいもと蓮根のたらこあえ　58
せん切り✕じゃがいものピリ辛炒め　59

しょうが 60
乱切りをたたく✕しょうがと鶏肉の塩煮　61
薄切り✕しょうがの甘酢漬け　62
せん切り✕しょうがと豚ヒレ肉の炒め物　62
みじん切り✕牛肉そぼろ　63
すりおろし✕ごまだれの冷やし中華　63

実

なす 64
皮をむいて丸ごと✕蒸しなすのごまだれがけ　65
縦四つ割り✕なすの揚げ煮　66
乱切り、数か所皮をむいて斜め薄切り✕麻婆茄子　67
皮をむいてせん切り✕なすとトマト炒め　67

ピーマン 68
縦二つ割り✕ジャンボピーマンの肉詰め蒸し　69
厚い輪切り✕ジャンボピーマンの炒め煮　70
ちぎって一口大✕ピーマンと豚肉のみそ炒め　70
薄い輪切り✕ピーマンのシンプル炒め　71
せん切り✕青椒牛肉絲　71

きゅうり 72
皮つきのままたたいて3等分✕たたききゅうりのスープ　73
皮をむいてたたいて3等分✕たたききゅうりあえ　74
せん切り✕きゅうりのしょうゆあえ　74
板状✕きゅうりの陳皮あえ　74
菱形✕きゅうりと鶏肉炒め　75

かぼちゃ 76
大きな三角形✕かぼちゃの蒸し物　77
くし形切り✕かぼちゃと豚肉の焼き煮　78
一口大✕かぼちゃの花椒煮　79
薄切り✕かぼちゃのしょうゆ炒め　79

トマト 80
二つ割り✕トマトと羊肉の煮物　81
厚い輪切り✕トマトのザーツァイあえ　82
乱切り✕トマトの卵炒め　82
みじん切り✕えびのチリソース　83

花

カリフラワーとブロッコリー 84
丸ごと✕カリフラワーの豆乳鍋　85
六つ割り✕カリフラワーのみそ焼き　86
四つ割り✕蒸しブロッコリーの豆豉ソースがけ　86
小房に分ける✕カリフラワーのあえ物　87
小房に分ける✕ブロッコリーとたこのあえ物　87

切り方で野菜はおいしく変わります

　　毎日のように食卓を彩るのが旬の野菜です。力強いまでのみずみずしさ、さわやかな香り、ほのかな甘みは手間をかける必要がないほどです。旬の野菜を日々使うとしたら、手に入るのはせいぜい2、3種類。それらを繰り返し使っても飽きさせない腕の見せ所が、実は切り方にあるのです。

　　野菜は切り方によって形はもちろん、歯触りや水分の出方までも変わります。

　　例えばキャベツ。せん切りキャベツの炒め物とポトフーのキャベツとでは、食感や味わいがまったく違いますね。切り方に応じて調理法を変え、肉や魚、あるいは香辛料を組み合わせることで、野菜料理はどんどん変化します。

　　では、野菜を切るときに何がいちばん大切でしょうか。

　　それは、大きさをそろえて切ることです。大きさがそろっていれば、火の通りぐあいも、味の含みぐあいも均一になって、料理の仕上りが断然美しくなるからです。

　　繊維にそって野菜を切ると適度に水分を保つことができ、火を通してもしゃきしゃきと仕上がります。繊維を断つようにして野菜を切ると、水分が出やすくなって、早く、やわらかく火が通ります。繊維が多い野菜なら、切るだけでなく、包丁の腹でたたいてその繊維をつぶし、味の含みをよくするということもできます。

　　次に大事なことは、相方となる食材にそうように野菜を切ることです。青椒牛肉絲のように牛肉を細切りにしたら、ピーマンも細切りにといったぐあいです。切り方によって二つの素材の間においしい関係が作れるのですから、すごいことだと思いませんか？

　　念のためにいいますと、野菜は切る前に洗い、水気をよくきっておくことが大切です。

　　また切るときは急がずに丁寧に。手を切らないように気をつけましょう。基本のきですからどうぞお忘れなく。

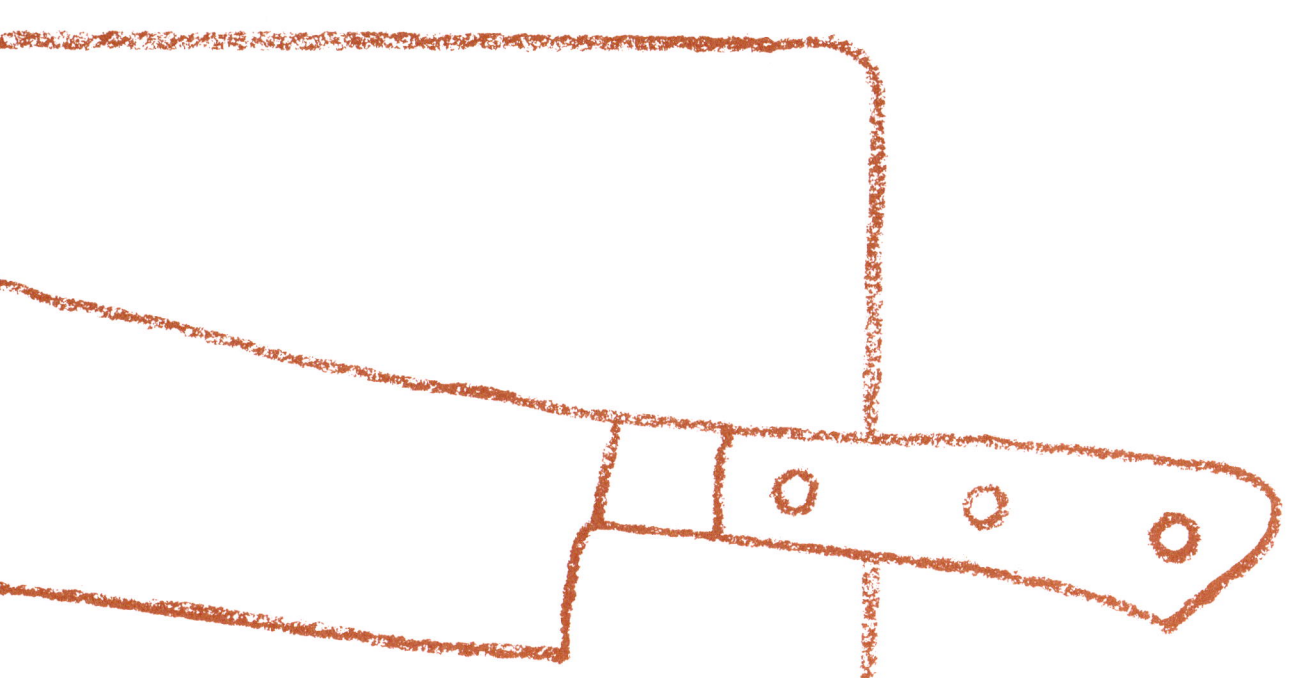

ふだん使っている包丁で充分

　　どんな包丁を選んだらいいですか？という質問をよく受けます。本当は道具より頭ですと言いたいところですが、「あなたがふだん使っている包丁でいいのです。でも切れないとお話になりませんから、よく研いでくださいね」と答えます。研ぐのが難しいなら、プロに頼めばいいのです。切れない包丁は、使う人にも、素材にもストレスになります。まずは切れる包丁かどうか、それだけをチェックしてください。

　　もし、料理の腕が上がって格段にうまく切れるようになったら改めていい包丁についてご指南しましょう。

ウー・ウェンの切菜刀が
通販でお求めになれます

野菜にダメージを与えない、すばらしい切れ味の「切菜刀」（チェサイダオ）は、中華包丁と菜切包丁の長所を融合させた包丁です。刃先に重心をおいた幅広の刃は、かさの高い野菜も楽に切ることができます。材質は芯材にコバルト合金鋼、側材に13クロームステンレス鋼、ハンドルは黒強化木を使用しています。日本製。
●ウー・ウェンの菜切刀
商品番号5313907A―000
8,925円(本体価格8,500円)
サイズ(約)は幅6×長さ28.5
(刃渡り15.5)cm。重さ210g。

申込み先
文化出版局　通販
〒151-8524
東京都渋谷区代々木3-22-7
ＴＥＬ03-3299-2555
(平日の11時～17時受付け)
ＦＡＸ03-3299-2495
送料はお届け先が1か所につき500円(税込み)。
価格は2011年4月現在。

包丁1本、まな板1枚、炒め鍋一つでOK

　道具に凝れば料理が上手になるということは、残念ながらありません。いい道具を求めて数を増やすより、今ある道具を活用して、作業がしやすいキッチンにするほうが合理的ではないでしょうか？

　こうした考え方は、大きな引越しをして家財道具の一切合切を処分した、私自身の経験からきています。テレビや家具はもちろん、調理道具の一部まで捨ててしまったのです。後になって何を捨てたかな？と考えてみたのですが、思い出せませんでした。思い出せないということは、必要がないということですよね。

　それ以来、包丁1本、まな板1枚、炒め鍋一つで何でも作る。それが私の料理に対する基本姿勢になっています。

ピーラーやスライサーも積極的に

　包丁1本とはいいましたが、野菜を切る道具は、なにも包丁に限りません。根菜の皮をむくときにピーラーを使えば、薄く、早くむくことができます。大根を細く長く切りたいときには、スライサーを使えばいとも簡単にできます。

　便利な道具を使えば楽にできて、仕上りもきれい。楽にできるから料理を作るのも楽しくなる。だから、もっともっと料理が作りたくなる。そうではありませんか？

ぬれ布巾の用意を

　まな板の下に固く絞ったぬれ布巾を敷いていますか？　こうしておくだけで、まな板が安定して置かれるので、切っているうちに動くことはまずありません。

　準備ができたら、まな板に対して体を正面に向けて立ちます。右利きならば、左足に重心を置いて。切り方に応じて、包丁の角度を変えますが、体は常に正面を向いたままにします。もしも、野菜のくずでまな板や包丁が汚れたら、すぐに別のぬれ布巾でふき取りましょう。

素材の組合せも味つけもシンプルに！

　皆さんの大好きな中国料理に五目炒めがありますね。でも実は、5種類の素材を切り調えるのは、大変な作業です。しかも、どう頑張っても五目炒め1品しか作れないのですから。
　では、考え方を変えて、5種類の素材を別々の切り方にして、シンプルに調理したらどうでしょう。一気に5品が食卓に並びます。この違いは大きいと思いませんか？
　素材を足し算していく方法で、手早くおいしい料理を作るのは至難の業です。引き算をしながらシンプルに調理するだけで、料理作りは断然楽になります。
　また、野菜料理は素材そのものを味わうものですから、複雑な味つけにする必要はありません。調味料を食べるような料理では飽きてしまいますし、体にも悪いでしょう。たくさんとってもいい調味料はお酢くらいです。
　素材の組合せも味つけもシンプルに。それが切り方に加えての、もう一つの提案です。

野菜は鮮度が命です

　野菜の値段は鮮度に対して支払われるといってもいいくらいです。だから買い置きをして冷蔵庫で保存する方法は、おすすめしたくありません。私は毎日買い物に出かけ、その日いちばんおいしそうな野菜を買ってきて、翌日までに使いきってしまいます。つまり私の冷蔵庫は八百屋さんです。
　できれば野菜も花のように丁寧に扱って、なるべくストレスを与えずに調理したいとも考えています。野菜は買ってきたそのままがいちばんおいしい状態なのですから、無駄に触って傷をつけたくありません。

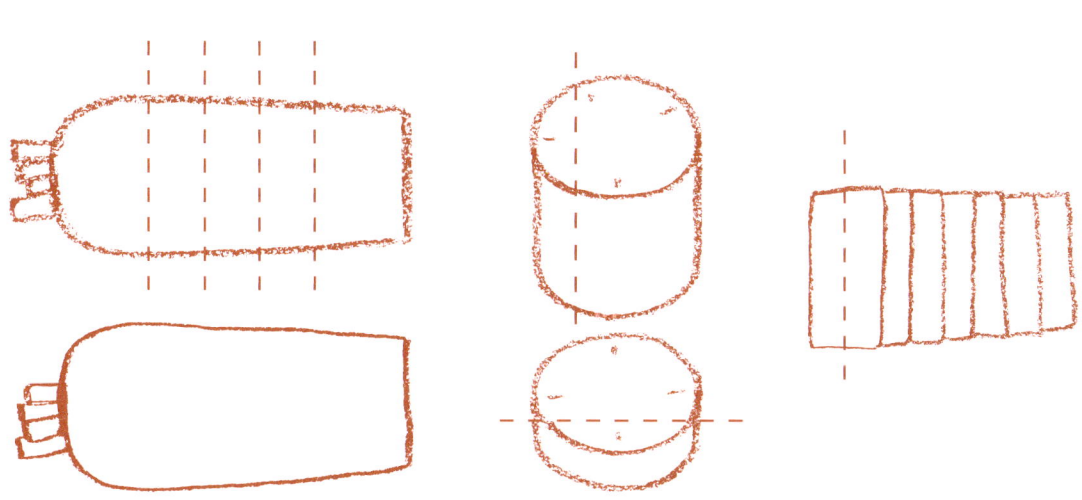

葉、茎、根、実、花の五つの野菜を

　この本では葉の野菜、茎の野菜、根の野菜、実の野菜、そして花の野菜と5項目の野菜から21種類を取り上げて、それぞれの合理的で多彩な切り方と、切り方に応じた料理をご紹介していきます。

　ぶつ切り、輪切り、乱切り、せん切り、細切り、みじん切りなどおなじみの切り方から、ウー・ウェン流まで切り方は多種多様にあります。

　中国では一般に、野菜の皮がすごくかたいので、きれいに皮をむくところから調理が始まりますが、身の部分だけにして、火の通りぐあいを均一にする目的もあります。

　一方、水の豊かな日本の野菜は皮までみずみずしく、やわらかいものが多いです。そこで、野菜によっては、皮あり、皮なし両方の切り方と料理を紹介しています。

　そして最後に。野菜はブロッコリーひとつをとっても茎が太かったり細かったり、花蕾の大きさもまちまちです。ですから、茎が太いから大きく四つ割りにしようとか、茎が細いから小房に分けようとか、個々の野菜に合った切り方で料理をしていただきたいのです。種類は同じであっても、それぞれの野菜に個性があるから魅力があって、食べ飽きないのだと思います。

　ぜひ、毎日旬の野菜を買って、この本を開いてください。すべて作ってみたくなる料理ばかりですから。たっぷり野菜を食べて、皆さんがいつでも健康でありますように。

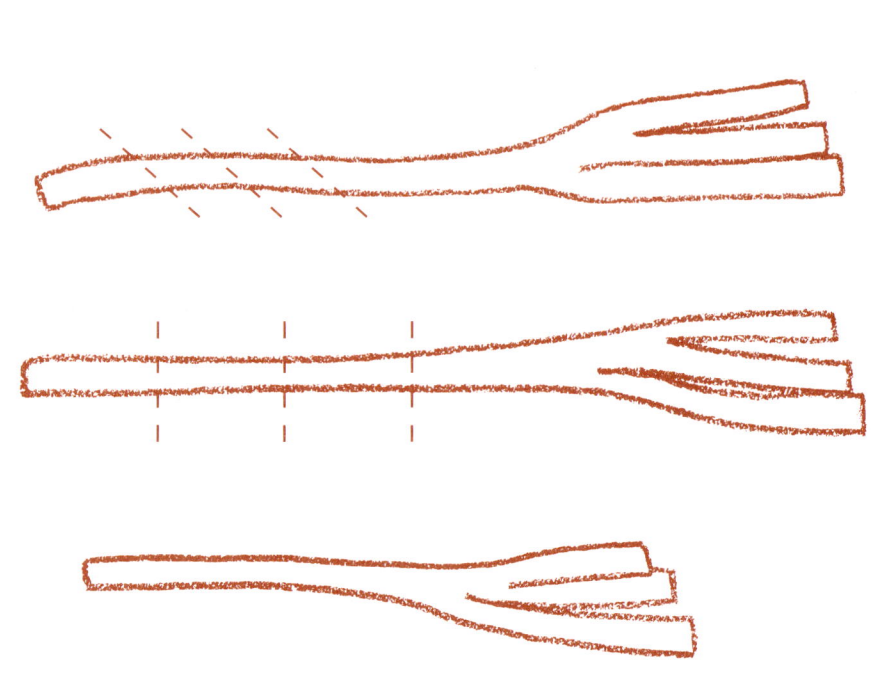

青梗菜

茎のおいしさが持ち味の、おなじみ中国の緑黄色野菜です。長さ15cmほどの小ぶりでふっくら張りのあるものを選んでください。葉はやわらかくて淡泊なので切らずに調理します。

葉

そぎ切り

株元を少し切り落とし、葉を1枚ずつに分ける。茎を左に横にして置き、包丁の刃を斜め下に向けながら、3cm幅にそぐように切る。葉はそのまま。

四つ割り

葉と茎を切り分ける。茎は縦4等分に切り、葉はそのまま。

二つ割り

茎の部分だけに包丁の刃を縦に当てて、二つに切り分ける。つながった葉は両手で引いて裂く。

二つ割り 青梗菜のかにあんかけ

● 青梗菜の二つ割りはさっとゆでてざるに上げ、水気をきって器に並べる。鍋にAを入れて火にかけ、煮立ったら、かに肉を加えて1分煮立て、Bでとろみをつけて青梗菜に回しかける。

青梗菜は切り口を上に向けて盛りつけると、あんがからみやすくなります。かにの代りに帆立の貝柱でも。

材料(4人分)	A 鶏ガラスープのもと 小さじ1	こしょう 少々	B かたくり粉 大さじ½
青梗菜 3株	酒 大さじ1	油 大さじ1	水 大さじ2
かに肉 150g	水 ⅔カップ		
	長ねぎ(みじん切り) 10cm		
	しょうが(みじん切り) 1かけ		
	塩 ふたつまみ		

四つ割り 青梗菜と干しえびのオイスターソース炒め

●炒め鍋に油と干しえびを入れて火にかけ、香りが出たら、青梗菜の四つ割りの茎を炒める。酒をふり、ふたをして1分蒸し煮にして、オイスターソースで調味し、葉を加えてさっと炒め、こしょうで香りを。

淡白な青梗菜には、干しえびとオイスターソースのうまみを添えます。

そぎ切り 青梗菜と豚肉炒め

●豚肉はAを順に加えて下味をつける。炒め鍋に油を入れて熱し、豚肉を入れて色が変わるまで炒めてBで調味し、青梗菜のそぎ切りを加えてさっと炒める。

そぎ切りは火の通りが早いので、炒めすぎないように気をつけます。

材料(4人分)
青梗菜　3株
干しえび(みじん切り)
　15g
酒　大さじ2
オイスターソース　大さじ1½
こしょう　少々
油　大さじ1½

材料(4人分)
青梗菜　3株
豚こま切れ肉　200g
Aこしょう　少々
　酒　大さじ1
　塩　ひとつまみ
　かたくり粉　小さじ½
Bしょうゆ　大さじ1
　はちみつ　小さじ1
油　大さじ1

葉 白菜

葉先までかたく巻いてずっしりと重みがあるものが良品です。
葉と軸を別々に使うことで変化がつけられるので、1株買ってもあっという間に食べきってしまうはずです。

葉の大切り

葉と軸に切り分け（◎参照）、軸の延長線を切り、葉をさらに二つに切る。

軸のそぎ切り

葉と軸に切り分ける（◎参照）。軸を横にして置き、繊維を断ち切るように、包丁の刃を斜め下に向けながら、4cm幅に切る。

軸のせん切り

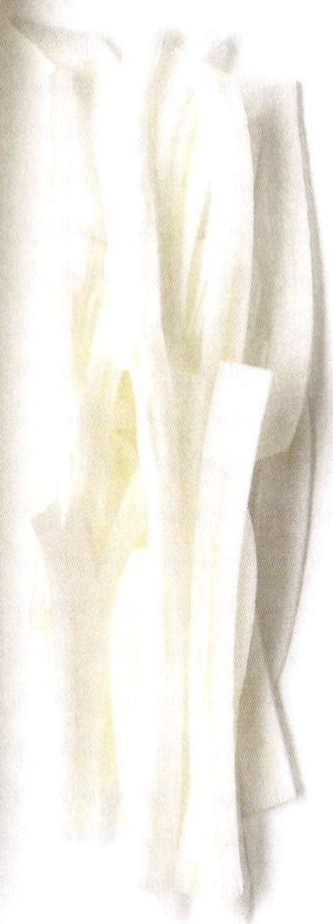

葉と軸に切り分ける（◎参照）。軸は長さを2等分に切って、それぞれ繊維にそってごく細く切る。

縦長切り

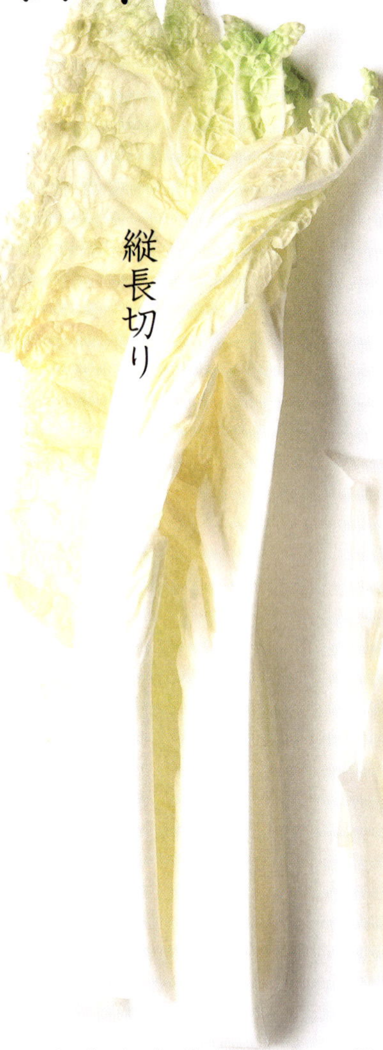

株元を少し切り落とし、葉を1枚ずつにする。白菜1枚を横にして置き、繊維にそって2等分に切り、それぞれをさらに2等分に切る。

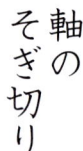

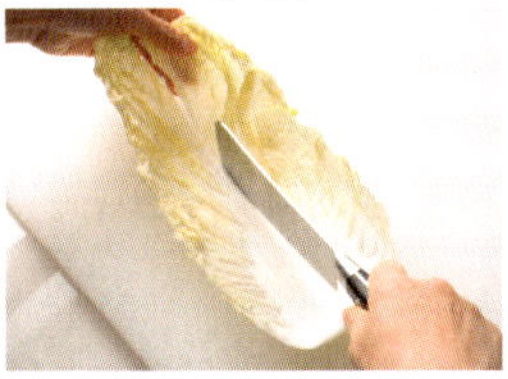

◎ 葉と軸を分ける
葉と軸の境に包丁を入れ、逆V字形に切り分ける。

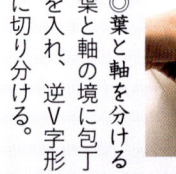

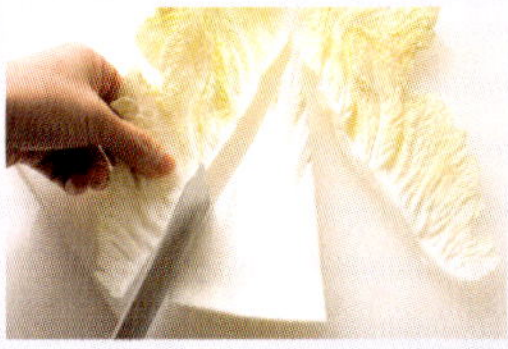

縦長切り 白菜と肉だんごの煮物

● 土鍋に白菜の縦長切りをぐるりと並べ入れ、Aを順に加えて調味した豚肉のだんご四つをのせる。Bを加えて煮立て、ふたをして弱火で15分煮る。Cを順に加えて味を調え、しょうがを添える。

酒かすが隠し味です。白菜はくたっとするほど煮て、ふっくらした肉だんごとの相性を楽しみます。

葉のせん切り

葉と軸に切り分け（◎参照）、葉を用意する。軸の延長線を切って2枚を重ね、端からごく細く切る。

材料(4人分)	Aこしょう　少々	B酒かす　20g
白菜　1/4株	酒　大さじ1	水　2カップ
豚ひき肉　250g	しょうゆ、オイスターソース	Cしょうゆ　大さじ1/2
	各大さじ1/2	塩　小さじ1/3
	卵　1個	ごま油　大さじ1
	パン粉　30g	しょうが(せん切り)　30g
	しょうが(みじん切り)　1かけ	
	油　大さじ1	

軸のせん切り 白菜の甘酢あえ

●白菜の軸のせん切りに塩をふって30分おき、水気を絞る。ボウルにAを混ぜ合わせ、白菜を加えてあえる。

酸味の程よいあえ物です。繊維を生かしたせん切りはしゃきしゃき感が残ります。

軸のそぎ切り 白菜の豆板醤炒め

●炒め鍋に油と豆板醤を入れて火にかけ、香りが出たら白菜の軸のそぎ切りを入れてじっくりと炒める。仕上げに花椒粉をふる。

白菜の切り口から味がしみます。食感もよく食べごたえがあります。

材料(4人分)
白菜の軸　¼株分
塩　小さじ½
A 黒酢　大さじ1½
　ごま油　大さじ1
　はちみつ　大さじ½
　こしょう　少々

材料(4人分)
白菜の軸　¼株分
豆板醤　小さじ½
花椒粉　小さじ¼
油　大さじ1

「白菜は葉と軸の質が全然違うので、葉は葉だけ、軸は軸だけにして使うと、ぐんとおいしくなります」ウー・ウェン

葉の大切り 白菜と羊肉のしゃぶしゃぶ

●たれを作っておく。土鍋にスープを張って火にかけ、10分煮立たせる。羊肉と白菜の葉の大切りをそれぞれ土鍋でさっと煮て、たれをつけて食べる。

葉は火を通しすぎないように。たれは食べているうちに自然にゆるみますが、最初から鍋のスープで溶いても。

葉のせん切り 白菜と豆腐の春雨スープ

●鍋に油と干しえびを入れて火にかけ、香りが出たら酒をふって水を注ぎ、2cm角の豆腐と春雨を加えて煮立て、ふたをして弱火で5分煮る。Aで調味し、白菜の葉のせん切りをさっと煮る。

葉を煮すぎないように。さっぱりとしたスープなので、他のおかずを引き立てます。

材料(4人分)	たれ
白菜の葉　¼株分	腐乳　50g
羊肉　500g	練りごま　大さじ2
	黒酢、しょうゆ　各大さじ1
スープ	長ねぎ(みじん切り)　10cm
水　4カップ	香菜(みじん切り)　2本
酒　1カップ	
くこの実　大さじ1	
なつめ　5〜6個	

材料(4人分)	酒　大さじ1
白菜の葉　½株分	水　4カップ
絹ごし豆腐　1丁(300g)	A 塩　小さじ½
春雨(乾燥)　50g	こしょう　少々
干しえび　20g	油　大さじ1

葉 キャベツ

春玉と冬玉のよさを併せ持つ丸玉を使っています。巻きがかたくてみずみずしいものがおすすめですが、キャベツは軸がおいしいので、無駄なく使うための切り方と料理をご紹介。

 二つ割り

 四つ割り

 六つ割り

乱切り

外葉を数枚むいて芯を上にして置き、縦半分に切る。

二つ割りの断面を上に向けて置き、縦2等分に切る。

二つ割りの断面を上に向けて置き、縦3等分に切る。

芯を少し切り落とし、葉を1枚ずつはがす。葉の軸にそって半分に切り、片方ずつ斜めに包丁を入れながら、三つに切る。

二つ割り キャベツと鶏手羽の煮物

●鍋にキャベツの二つ割り、鶏手羽、酒を入れて火にかけ、煮立ったら1分煮、水を注いで粒こしょうを加える。再び煮立ったら弱火にし、ふたをして15分煮る。Aで調味し、5分煮る。

二つ割りは煮くずれしないので、キャベツの風味がよく生きます。食卓で食べやすく切り分けても。

せん切り

芯を少し切り落とし、葉を1枚ずつはがす。葉の軸にそって半分に切って重ね、端からごく細く切る。

材料(4人分)	酒、水 各1カップ
キャベツ 1個	粒こしょう(軽くつぶす) 小さじ1
鶏手羽中 8本	Aしょうゆ 大さじ1
	塩 小さじ1/3

「大きく切ったキャベツを頰張るのは北京の食卓でよく見られる光景です。キャベツも冷蔵庫で寝ている暇がないほどです」ウー・ウェン

四つ割り 蒸しキャベツの豚肉炒めがけ

● キャベツの四つ割りは10分（春キャベツは4～5分）蒸して器に盛る。炒め鍋に豚肉を入れて中火にかけ、脂を引き出すように炒め、赤とうがらしを加えてAで調味し、キャベツにかける。

蒸してキャベツの甘みを引き出します。豚肉炒めはソース代りです。

材料(4人分)
キャベツ　1個
豚バラ薄切り肉(2cm幅に切る)　150g
赤とうがらし(種を取って小口切り)　1～2本
A 酒、しょうゆ、黒酢　各大さじ1

六つ割り キャベツの焦がししょうゆ焼き

● フライパンに油を入れ、キャベツの六つ割りを並べて強火にかける。両面を色がつくまで焼き、酒をふってふたをし、弱火で5分蒸焼きに。ふたを取って強火にし、Aで調味して、水分をよく飛ばす。

六つ割りをそのまま頬張るから、結果たっぷりと食べることに。ご飯も進む味です。

材料(4人分)
キャベツ　1個
酒　大さじ3
A しょうゆ　大さじ2
　はちみつ　小さじ1
油　大さじ2

乱切り 回鍋肉

●キャベツの乱切りは熱湯にくぐらせ、水気をきる。続いて豚肉もゆでて水気をきり、かたくり粉をまぶす。炒め鍋に油を熱し、豚肉を入れて油をなじませるように炒め、合せ調味料のAで味つけして、キャベツを加えてさっと炒め合わせる。

キャベツを下ゆでするのは、余分な水分を抜いて、炒める時間を短縮してしゃきしゃき感を残すためです。

せん切り キャベツのシンプル炒め

●キャベツのせん切りは塩をふって5分おく。炒め鍋に油と花椒を入れて火にかけ、香りが出たら、キャベツをかさが減る程度にさっと炒める。

ぴりっとしびれる辛さの花椒をアクセントに塩だけで調味。甘みが引き立ちます。

材料(4人分)	
キャベツ ¼個	かたくり粉 小さじ1
豚肉(しょうが焼き用) 250g	A 甜麺醤 大さじ1
	しょうゆ 大さじ1
	酒 大さじ1
	黒酢 小さじ1
	塩 ひとつまみ
	こしょう 少々
	油 大さじ1

材料(4人分)	
キャベツ ½個	塩 小さじ⅓
	花椒 小さじ1
	油 大さじ1

| 葉 | # 長ねぎ

白ねぎ、根深ねぎとも呼ばれます。光沢があり、白と緑の境が鮮明なものが新鮮。火を通すと香りと甘みが引き出されますから、薬味だけでなく、さまざまな料理に使えます。

斜め切り
横にして置き、包丁を左斜めに向け、端から1cm幅に切る。

小口切り
青い部分は横にして置き、端から垂直にごく薄く切る。白い部分も同様にする。

細切り
5cm長さに切り、一切れを縦半分に切り、それぞれを縦に細く切る。

ぶつ切り
横にして置き、5cm長さに切りそろえる。

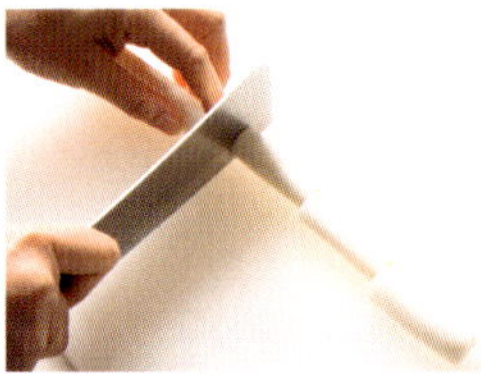

ぶつ切り 長ねぎと豚肉のしょうゆ煮

○鍋に豚肉を入れて弱火にかけ、じっくり焼いて脂を引き出し、長ねぎのぶつ切りを加えて焼き色をつける。Aを入れて煮立ったらふたをして30分煮、しょうゆを加えて中火で20分煮る。

ぶつ切りの長ねぎは煮くずれしにくく、豚肉に甘みを添えます。

斜め薄切り

横にして置き、包丁を左斜めに向け、端からごく薄く切る。

材料(4人分)	
長ねぎ　2本	A 酒　½カップ
豚バラ塊肉(4cmの角切り)　500g	水　1カップ
	黒酢　大さじ1
	はちみつ　大さじ½
しょうゆ　大さじ2	

細切り 長ねぎと油揚げのみそ炒め

●炒め鍋に油を熱し、油揚げを香りが出るまで炒め、長ねぎの細切りを加えて炒める。香りが出たら混ぜたAで調味する。

細切りの長ねぎが油揚げとよくなじみ、ご飯のおかずにぴったりです。

材料(4人分)	Aみそ、酒 各大さじ1
長ねぎ 1本	油 大さじ1
油揚げ(細切り) 1枚	

青い部分の小口切り 水餃子

● 鶏肉にAの調味料を順に加えて混ぜながら調味し、長ねぎの青い部分の小口切りを入れて混ぜ、餃子の皮で包んで熱湯でゆでる。

長ねぎの青い部分まで無駄なく使え、彩りも楽しめます。餃子はあんに味がついているので、たれはいりません。

白い部分の小口切り 卵のスープ

● 鍋にAを入れて火にかけ、3分煮立てたら豆板醤で調味し、Bでとろみをつけてとき卵を流し入れる。Cで香りをつけ、長ねぎの白い部分の小口切りを加える。

長ねぎを薬味に、ピリ辛に仕上げたスープ。即席に作れて重宝します。

材料(4人分)
長ねぎの青い部分　2本分
鶏ももひき肉　250g

A こしょう　少々
　酒　大さじ1
　しょうゆ　大さじ½
　塩　小さじ¼
　ごま油　大さじ1
餃子の皮(市販品)　1袋(24枚)

材料(4人分)
長ねぎの白い部分　1本分
卵　3個

A 鶏ガラスープのもと　小さじ1
　水　4カップ
豆板醤　小さじ1
B かたくり粉　大さじ1
　水　大さじ2
C ごま油、こしょう　各少々

斜め切り 羊肉と長ねぎ炒め

●羊肉はさっとゆでて水気をきり、Aで下味をつけて、かたくり粉をまぶす。炒め鍋に油を熱して羊肉を炒め、油がなじんだら長ねぎの斜め切りを加え、炒め合わせる。

斜め切りは味がのりやすく、歯触りも生きます。何より肉とのからみぐあいも抜群。

斜め薄切り さわらのねぎ油がけ

●炒め鍋にAを入れて火にかけ、長ねぎの斜め薄切りがきつね色になるまで炒めてねぎ油を作る。さわらは一口大に切り、Bで下味をつけて上新粉をまぶし、8分蒸す。器に盛ってしょうゆをかけ、好みの量のねぎ油をのせる。

ねぎ油は、ねぎの香りと甘みを油に移したもので、1週間の冷蔵保存ができます。ラーメンや冷ややっこにかけても。

材料(4人分)	
長ねぎ	2本
羊薄切り肉	250g
Aしょうゆ	大さじ1½
黒酢、酒	各大さじ1
こしょう	小さじ¼
かたくり粉	小さじ1
油	大さじ1

材料(4人分)	
A長ねぎ	1本
油	⅔カップ
さわら	2切れ
B塩	小さじ⅓
こしょう	少々
上新粉	大さじ1
しょうゆ	大さじ½

野菜の風味を上手に引き出すために

素材そのものの味を楽しむには、良質の調味料を適量だけ使うことです。加えて香辛料や乾物の香りと風味の相乗効果によって、減塩効果も上がり、野菜料理はさらにおいしくなります。

- **生しぼりのごま油**
生のままのごまをしぼって精製した油です。くせのない味と香りで、どんな料理にも使うことができます。

- **焙煎したごま油**
焙煎したごまをしぼっているので、ごま独特の馥郁とした香りがあります。あえ物、たれなどに。

- **黒酢**
中国でお酢といえば黒酢。そのまろやかな酸味によって、油っぽい料理をさっぱりさせたり、香辛料の風味を中和させたり、肉や乾物をやわらかくしたり。塩分控えめも黒酢のおかげです。

- **はちみつ**
調味に砂糖を使わない代りに、天然のはちみつを使っています。自然な甘みなので、くどくなりません。

- **豆板醤**
そら豆のみそに赤とうがらしを加えた中国特有の辛いみそ。塩辛いので、炒め物や煮物にごく少量だけ使います。

- **豆豉**
中国の大豆の発酵調味料。独特の塩辛さとうまみがあります。粗く刻んで炒め物やたれなどに使います。

- **腐乳**
豆腐を発酵させた調味料。鍋物の薬味に使ったり、炒め物の塩気代りにも。

調味料、香辛料、乾物

- **練りごま**
中国製の練りごま、芝麻醤です。油が出るまですってあるので、あえ物やたれなどの調味料として使います。

- **黒粒こしょう**
こしょうは粒のほうが、香りがいいものです。そのまま、あるいは粗くつぶしてから使います。

- **赤とうがらし**
油で炒めて香りと適度な辛さを引き出して使います。辛さでも塩分が控えられます。

- **花椒**
中国さんしょうは、日本のものより風味が強いのが特徴です。麻婆豆腐のほか、あえ物や炒め物にも効果的に使って、香りと辛さを楽しみます。

- **陳皮**
みかんの皮を干して乾燥させたものですから、温州みかんの皮で作ることができます。煮込み料理や、あえ物に使います。

- **干し貝柱**
貝柱をゆでて干したものです。もどし汁もだし汁として使って、料理にうまみを添えます。

- **干しえび**
えびの殻をむいて干したもの。さっぱりとしたうまみが出るので、スープや煮物、炒め物、焼売の具にも。

茎 たけのこ

孟宗竹の水煮は、大ぶりで形のいいものを求めてください。たけのこは節をうまく利用すれば、形も自在に切ることができます。なお、白く付着したものはアミノ酸の一種なので食べても大丈夫です。

乱切り

穂先を左に向けて置き、かたい部分は斜め左から包丁を入れて、大きめに切る。90度ずつ手前に回しながら、包丁の角度は変えずに大きさをそろえて切る。

くし形切り

かたい部分は少し切り落とす。縦四つ割りにして、1切れずつ切り口の角をまな板に当てながら、3等分に切る。

角切り

縦2等分に切り、穂先は切り離して縦3～4等分に切る。下部は縦2等分、横3等分に切り、1切れを2㎝幅に切る。

細切り

穂先を左に向けて置き、節の線上に包丁の刃を当て、輪切りにする。これを少しずらして重ね、端からごく細く切ると、ばらばらにならない。

乱切り たけのことスペアリブの煮物

● スペアリブはさっとゆでて水気をきる。鍋にたけのこの乱切り、スペアリブ、Aを入れて火にかけ、煮立ったら弱火にしてふたをし、20分煮る。Bを順に加えて10分煮、仕上げに強火で煮汁をからめる。

しょうゆと黒酢でさっぱりと煮上げた煮物。乱切りの断面から豚肉の味がしみ込みます。

みじん切り

穂先を手前にして縦薄切りにする。これを少しずらして重ね、端から細く切る。さらに横に向けて置き、端から細く切る。つながった部分は、ざくざく切る。

材料(4人分)	
たけのこ(水煮) 1個	A 酒 ½カップ
スペアリブ 300g	水 ½カップ
	B 黒酢 大さじ½
	しょうゆ 大さじ1½
	はちみつ 小さじ1

くし形切り たけのこと豚肉の塩炒め

●豚肉はさっとゆでて水気をきる。炒め鍋に油を熱し、たけのこのくし形切りの両面を薄く色づくまで焼き、豚肉を加えて炒め、Aで調味する。

くし形切りのたけのこは、焼くとホクホクとした食感に。塩味のあっさりとしたご飯のおかずです。

角切り たけのこの混ぜご飯

●炒め鍋にごま油を入れて熱し、たけのこの角切りを入れて水分がなくなるまでしっかり炒め、Aで調味して、炊きたてのご飯と混ぜる。

焦げたしょうゆの風味がご飯によく合います。

材料(4人分)	
たけのこ(水煮)	1個
豚こま切れ肉	150g
A 塩	小さじ¼
こしょう	小さじ⅕
油	大さじ1½

材料(作りやすい分量)	
たけのこ(水煮)	1個
ご飯	3合分
ごま油	大さじ1½
A しょうゆ	大さじ2
黒酢	大さじ½
こしょう	少々

細切り たけのこと鶏肉炒め

○鶏胸肉は細切りにしてAを順に加えて下味をつける。炒め鍋に油を入れて熱し、鶏肉をよく炒めて、水分がなくなったらみそで調味し、たけのこの細切りを炒め合わせる。

みそを隠し味にした炒め物。細切りどうしだから、姿も味も決まるのです。

みじん切り たけのこと油揚げのスープ

○鍋に油、たけのこのみじん切り、油揚げのみじん切りを入れて火にかける。炒めて香りが出たらAを加え、煮立ったら10分煮、塩で調味して、Bでとろみをつける。

れんげですくいやすいのがみじん切りです。

材料(4人分)
たけのこ(水煮) 1個
鶏胸肉 1枚
Aこしょう 少々
　酒 大さじ1
　塩 ひとつまみ
　かたくり粉 小さじ1
みそ 大さじ1
油 大さじ1

材料(4人分)
たけのこ(水煮) 1個
油揚げ 2枚
A鶏ガラスープのもと 小さじ1
　水 4カップ
塩 小さじ1/2
Bかたくり粉 大さじ1
　水 大さじ2
油 大さじ1

茎 セロリ

葉が青々として茎につやと張りがあり、香りのいいものが新鮮。
セロリは、まず茎と葉をつなぐ節を切り取ってから、用途に応じて切り進めると、余分な切りくずが出ません。

葉のざく切り

葉を用意する。横に向けて置き、端から2〜3cm幅にざくざくと切る。

斜め薄切り

茎を用意する。横にして置き、包丁の刃を斜め左に向けながら、薄く切る。

さいの目切り

茎を用意する。太い部分は繊維にそって1cm幅に切り、向きを変えてさらに1cm幅に切る。茎の中間部は縦2等分に切ってから、細い部分はそのまま1cm幅に切る。

棒状

茎と葉をつなぐ節を切り取る（◎参照）。茎を用意し、表面のかたい筋をはぎ取る。長さ5cmに切り、繊維にそって7〜8mm幅に切る。細い茎はそのまま。

◎節を切り取る
茎と葉をつなぐ節を切り取る。

棒状 セロリと牛肉炒め

●牛肉は細切りにして、Aを順に加えて下味をつける。炒め鍋に油を熱し、牛肉の水分がなくなるまで炒めて、オイスターソースで調味し、セロリの棒状を炒め合わせる。

セロリの芳香と歯切れのよさが、牛肉のうまみと一体に。

葉のみじん切り

葉を用意する。横に向けて置き、端からごく細く切る。

材料(4人分)	Aこしょう　少々
セロリ　大1本	酒　大さじ1
牛肉(焼き肉用)　200g	塩　ひとつまみ
	かたくり粉　小さじ1/3
オイスターソース　大さじ1	
油　大さじ1	

さいの目切り セロリとえびのあえ物

●セロリのさいの目切りは、塩をふって10分おき、軽く水分を絞る。むきえびはさっとゆでて、1cm幅に切る。セロリとむきえびを合わせてAで調味する。

シンプルで目にも美しく見えるのは、2種の素材の形がそろっているから。

材料(4人分)	塩 ふたつまみ
セロリ 1本	A マスタード 大さじ1
むきえび 150g	ごま油 大さじ1
	塩 ふたつまみ

斜め薄切り セロリと厚揚げ炒め

●厚揚げは8mm厚さに切ってかたくり粉をまぶす。炒め鍋に油を入れて熱し、厚揚げを入れて炒める。Aで調味し、セロリの斜め薄切りを加えて炒め合わせる。

甜麺醬が隠し味。セロリは薄切りにすると、やわらかな厚揚げとも相性がよくなります。

材料(4人分)	かたくり粉 小さじ1
セロリ 1本	A 酒 大さじ1
厚揚げ 1枚	しょうゆ 大さじ½
	甜麺醬 大さじ½
	油 大さじ1

葉のざく切り セロリの葉の卵焼き

◎ボウルに卵を割り入れてよくほぐし、Aで調味して、セロリの葉のざく切りを混ぜる。炒め鍋に油を入れて熱し、卵を流し入れて、ゆっくりとまとめながら炒める。

加熱すると葉の香りがやわらかくなります。

葉のみじん切り セロリの葉の炒飯

◎炒め鍋に油を入れて熱し、じゃこをカリッと炒め、Aを順に入れて水分を飛ばす。ご飯を加えてパラリと炒め、しょうゆで調味したら、セロリの葉のみじん切りを散らして混ぜる。

みじん切りの葉はさっと火が通る程度で充分。セロリだけでほかの薬味はいりません。

材料(4人分)	
セロリの葉　1〜2本分	A 塩　小さじ¼
卵　4個	こしょう　少々
	油　大さじ2

材料(2人分)	
セロリの葉　1本分	A こしょう　少々
ご飯　360g	酒　大さじ2
ちりめんじゃこ　20g	黒酢　大さじ1
	しょうゆ　小さじ1
	油　大さじ1

「セロリは葉もおいしいものです。この卵焼きは、栄養たっぷりで、我が家の朝食の定番です」ウー・ウェン

茎　玉ねぎ

葉の野菜に分類されることもある玉ねぎ。表皮がパリッと乾いてつやのよい、形のいいものを選びましょう。玉ねぎは繊維がつぶされると硫化アリルが揮発して、涙腺を刺激するので、よく切れる包丁で切ります。

薄い輪切り

薄切り用のスライサーを使う。皮をむいて、天地どちらかの切り口をスライサーの刃に当て、水平に動かして薄い輪切りにする。

くし形切り

皮をむいて縦2等分に切る。切り口を下にして置き、刃を中心に向けながら幅1cmの間隔で切る。

厚い輪切り

皮をむいて、天地を左右に向けて置き、垂直に包丁の刃を入れて、4等分に切る。

丸ごと

天地を少し切り落とし、皮をつまんで斜め横に引くと、皮がつながったままでむきやすい。

丸ごと 玉ねぎスープ

●鍋に油と丸ごとの玉ねぎを入れて表面を軽く焼く。Aを加えて煮立ったら、弱火にしてふたをし、30分煮る。塩で味を調え、5分煮る。

玉ねぎの甘みが出たスープがそれはおいしく、1個分が難なくおなかに収まります。

みじん切り

皮をむいて縦2等分に切る。切り口を下にして置き、上を切り離さずに縦に細く切込みを入れる。向きを横にして置き、水平に3〜4か所切込みを入れ、端から縦薄切りにする。

材料(4人分)	A 鶏ガラスープのもと　小さじ1
玉ねぎ　4個	酒　大さじ2
	水　1½カップ
	粒こしょう　小さじ1
	塩　小さじ¼
	油　大さじ1

厚い輪切り 玉ねぎと牛肉炒め

●牛肉はさっとゆでて水気をきり、Aを順に加えて下味をつける。炒め鍋に油を入れて熱し、玉ねぎの厚い輪切りを入れて透明になるまで炒め、牛肉を加えて炒め合わせ、塩で調味する。

輪切りの玉ねぎは炒めているうちに自然とほぐれます。繊維を断ち切っているので火が通りやすく、甘みが引き出されます。

材料(4人分)	Aこしょう　少々
玉ねぎ　2個	酒　大さじ1
牛薄切り肉　200g	塩　ひとつまみ
	かたくり粉　小さじ1/3
	塩　小さじ1/4
	油　大さじ1

くし形切り 焼きそば

●炒め鍋に油を熱し、玉ねぎのくし形切りを入れて香りが出るまで炒め、豚肉を加えて色が変わるまで炒める。焼きそばを入れ、酒をふってふたをし、3分蒸焼きにしてAで調味する。

麺のおいしさを味わうには、具をできるだけシンプルに。

材料(4人分)	酒　大さじ2
玉ねぎ　1個	Aしょうゆ、黒酢　各大さじ1
豚こま切れ肉　100g	こしょう　少々
焼きそば　2玉	油　大さじ1

薄い輪切り 玉ねぎの黒酢しょうゆあえ

◉玉ねぎの薄い輪切りは水にさらし、水気をしっかりきってAであえる

スライサーを使うだけで見た目にも美しく、歯触りも繊細に。

みじん切り 焼売

◉鶏ひき肉にAを順に加えて調味し、玉ねぎのみじん切りを加えてよく混ぜる。焼売の皮で包み、強火にかけたせいろで12分蒸す。

ひき肉にはみじん切りが最適です。玉ねぎの甘みで肉のうまさが引き立ちます。

材料(4人分)
玉ねぎ　2個

A黒酢　大さじ2
　しょうゆ　大さじ1
　ごま油　大さじ1½
　こしょう　少々

材料(4人分)
玉ねぎ　½個
鶏ももひき肉　250g

Aこしょう　少々
　酒　大さじ1
　しょうゆ　大さじ1
　塩　ひとつまみ
　生パン粉　20g
　かたくり粉　小さじ1
　ごま油　大さじ1
焼売の皮(市販品)　1袋(24枚)

茎 アスパラガス

栄養価が高くて歯ごたえのいいグリーンアスパラガスは、穂先が締まり、切り口がみずみずしいものが新鮮です。かたい根元は切り落とし、皮のかたい部分はピーラーでむきます。

斜め薄切り

皮をむく（◎参照）。包丁を斜め左に向けながら、ごく薄く切る。穂先はそのまま。

◎皮をむく
かたい部分を切り落とし、皮は下から3分の1までピーラーで薄くむく。

乱切り

皮をむく（◎参照）。横にして置き、包丁を斜め左に入れて切り、手前に90度ずつ回しながら、包丁の角度は変えずに、大きさをそろえて切る。

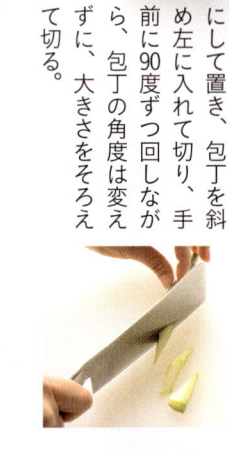

たたいて4等分

皮をむく（◎参照）。横にして置き、かたい部分を包丁の腹でたたいて長さを4等分に切る。

たたいて2等分

皮をむく（◎参照）。横にして置き、かたい部分を包丁の腹でたたいて長さを2等分に切る。

小口切り

皮をむく（◎参照）。長さを2等分に切り、そろえて横に向けて置き、端から5mm幅に切る。

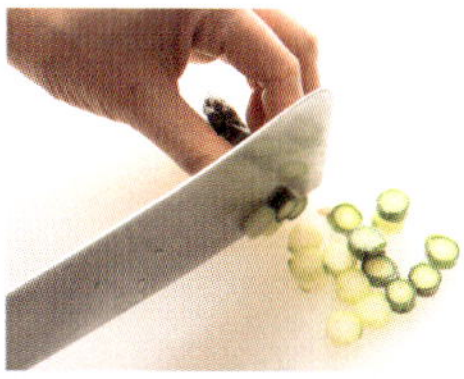

たたいて2等分 アスパラガス、帆立のXO醬風味

●炒め鍋に油大さじ½とたたいて2等分にしたアスパラガスを入れて火にかけ、酒をふってふたをし、2分蒸して器に並べる。炒め鍋に残りの油を熱し、帆立貝柱を炒めてAで調味し、Bでとろみをつけて、アスパラガスにかける。

長いままのほうが、あんがからみやすいのです。淡い味わいの野菜こそあんかけをおすすめします。

材料(4人分)	
アスパラガス　4本	酒　大さじ2
帆立貝柱(厚みを2等分に切る)　150g	Aオイスターソース　大さじ1½
	こしょう　少々
	Bかたくり粉　小さじ½
	水　大さじ1
	油　大さじ1½

「アスパラガスの繊維をたたくのは、香りが出て、味もしみ込みやすくなるからです」ウー・ウェン

たたいて4等分 アスパラガスと卵炒め

●炒め鍋に油大さじ1を熱し、たたいて4等分にしたアスパラガスをじっくり炒めて取り出す。同じ鍋に残りの油を熱し、といた卵を流し入れ、大きい塊を作るよう炒めて、アスパラガスと炒め合わせ、Aで調味する。

アスパラガス特有の甘い香りは、卵焼きにぴったりです。

材料(4人分)	A 塩 小さじ¼
アスパラガス 4本	こしょう 少々
卵 3個	油 大さじ2

乱切り アスパラガスとあさりの酒蒸し

●炒め鍋に油、粗くつぶした赤とうがらし、あさりを入れて火にかけ、油がなじんだらアスパラガスの乱切りと酒を加え、ふたをして3分蒸し煮に。仕上げに粗塩とこしょうを散らす。

ピリ辛仕上げの一品。乱切りのアスパラガスの断面からあさりのうまみがしみ込みます。

材料(4人分)	赤とうがらし 1〜2本
アスパラガス 4本	酒 大さじ3
あさり(よく洗う) 300g	粗塩 ひとつまみ
	こしょう 少々
	油 大さじ2

斜め薄切り アスパラガスうどん

●鍋にAを入れて火にかけ、香りが出たら水を注いで煮立てる。うどんを入れてさっと煮、アスパラガスの斜め薄切りを入れ、色がきれいになったら器によそう。

斜め薄切りのアスパラガスがうどんのやわらかさにマッチします。うどんは冷凍品もおすすめ。

材料(2人分)	
アスパラガス　2本	A 長ねぎ(斜め薄切り)　10cm
うどん　2玉	みそ　大さじ2
	油　大さじ1
	水　4カップ

小口切り アスパラガスの炒飯

●炒め鍋に油とベーコンを入れて炒め、アスパラガスの小口切りを加えてさっと炒め合わせ、酒をふってご飯を加え、炒めてAで調味する。

ご飯となじみやすい切り方が、小口切りです。

材料(2人分)	
アスパラガス　2本	酒　大さじ1
ベーコン(5mm幅に切る)　2枚	A 塩　小さじ1/5
ご飯　360g	こしょう　少々
	油　大さじ1

根 大根

辛みも少なく甘くておいしい青首大根。なるべく太さが均一で、みずみずしく張りのあるものを選びます。首に近い部分はあえ物に。真ん中は炒め物や煮物に。やや辛みのある先端も煮物に使います。

厚い輪切り

扱いやすい長さに切り、ピーラーで薄く皮をむく。横に向けて置き、端から包丁の刃を垂直に当て、1.5cm幅に切る。

乱切り

薄く皮をむいて、横に向けて置く。端から包丁を斜め左に向けて切る。手前に90度ずつ回しながら、包丁の角度は変えずに、大きさをそろえて切る。

小角切り

薄く皮をむいて、幅の厚い輪切りにする。1枚ずつ切り口を下にして、縦1.5cm幅に切り、向きを変えて1.5cm幅に切る。

細切り

薄く皮をむいて、5cm長さに切る。切り口を下にして端から3mm幅に切り、これをずらして重ね、繊維にそって端から3mm幅に切る。

厚い輪切り 大根と牛すね肉の煮物

●牛すね肉はさっとゆでて水気をきり、Aと共に鍋に入れて火にかけ、煮立たせる。弱火でふたをして40分煮、大根の厚い輪切りを加えて20分煮、Bを入れて10分煮る。火を止めて冷まし、いただくときに温める。

おでんにも似たあっさりとした煮物です。自家製の陳皮でさわやかな香りを添えて。

長いせん切り

せん切り用のスライサーを使う。扱いやすい長さに切り、薄く皮をむく。ボウルにスライサーをのせ、刃に大根の側面を当てながら水平に動かし、長いせん切りにする。

材料(4人分)	A 酒 ½カップ
大根 600g	水 2½カップ
牛すね肉(一口大に切る) 300g	黒酢 大さじ½
	こしょう 少々
	B 陳皮 ½個分
	塩 小さじ½

[乱切り] 大根と干し貝柱の煮物

●鍋に油とほぐした貝柱を入れて、香りが出るまで炒め、Aを加えて炒め、はちみつ、大根の乱切りを入れてからめる。水を注いで20分煮、塩で味を調える。

乱切りは、1切れに薄いところと厚いところができて、煮えぐあいや味の含みぐあいに変化がつくのです。

材料(4人分)	A 酒 大さじ1
大根 500g	オイスターソース 大さじ1
干し貝柱(1日水でもどす)	こしょう 少々
4～5個	はちみつ 小さじ1
	水(もどし汁を加えて) 1カップ
	塩 小さじ1/5
	油 大さじ1

[小角切り] 大根の雑穀入りスープ

●鍋に豚バラ肉を入れて火にかけ、脂と香りが出たらAをふり入れる。水を注いで煮立たせたら、大根の小角切り、押し麦を加えて30分煮て、Bで味を調え、ごま油で香りをつける。

滋養になるスープです。小角切りは火が通りやすくスープ向きです。

材料(4人分)	A 酒 大さじ2
大根 500g	しょうゆ 大さじ1
押し麦 1/2カップ	水 4カップ
豚バラ塊肉(5mm幅に切る)	B 塩 小さじ1/3
150g	こしょう 少々
	ごま油 大さじ1/2

細切り 大根とじゃこ炒め

●大根の細切りは塩をふって10分おき、水気を絞る。炒め鍋に油を熱し、じゃこをカリッと炒めてAを入れ、水分が飛んだら長ねぎを加える。香りが出たら大根を入れて透明になるまで炒め、Bでうまみをとじる。

繊維にそった細切りは、炒めても水分が保てて、しゃきっと炒め上がります。

材料(4人分)	塩 小さじ½
大根 500g	A 酒 大さじ2
ちりめんじゃこ 15g	黒酢 大さじ½
長ねぎ(斜め薄切り) 10cm	B かたくり粉 小さじ⅓
	水 大さじ1
	油 大さじ1½

長いせん切り 大根のねぎ風味あえ

●大根の長いせん切りは塩をふって5分おき、水気を絞ってボウルに入れる。炒め鍋に油を熱して花椒を入れ、香りが出たら長ねぎを加え、さらに香りが出たら、大根にかけてあえる。

スライサーによって断面にギザギザが入るから、大根がふんわりとします。

材料(4人分)	塩 小さじ1
大根 500g	花椒 小さじ½
長ねぎ(せん切り) ½本	油 大さじ1½

根 ごぼう

独特のさわやかな香りとしっかりとした歯触りを楽しみます。太さが均一で、曲がりやひび割れのないものが良品。あくが強いので水に放すことが多いですが、浸しすぎないようにします。

長いささがき

ピーラーで薄く皮をむく。ボウルに水を張り、左手でごぼうを持ちながら、端から鉛筆を削るように、手早く削っていく。なるべく長くそぐ。

たたいて5cm長さに切る

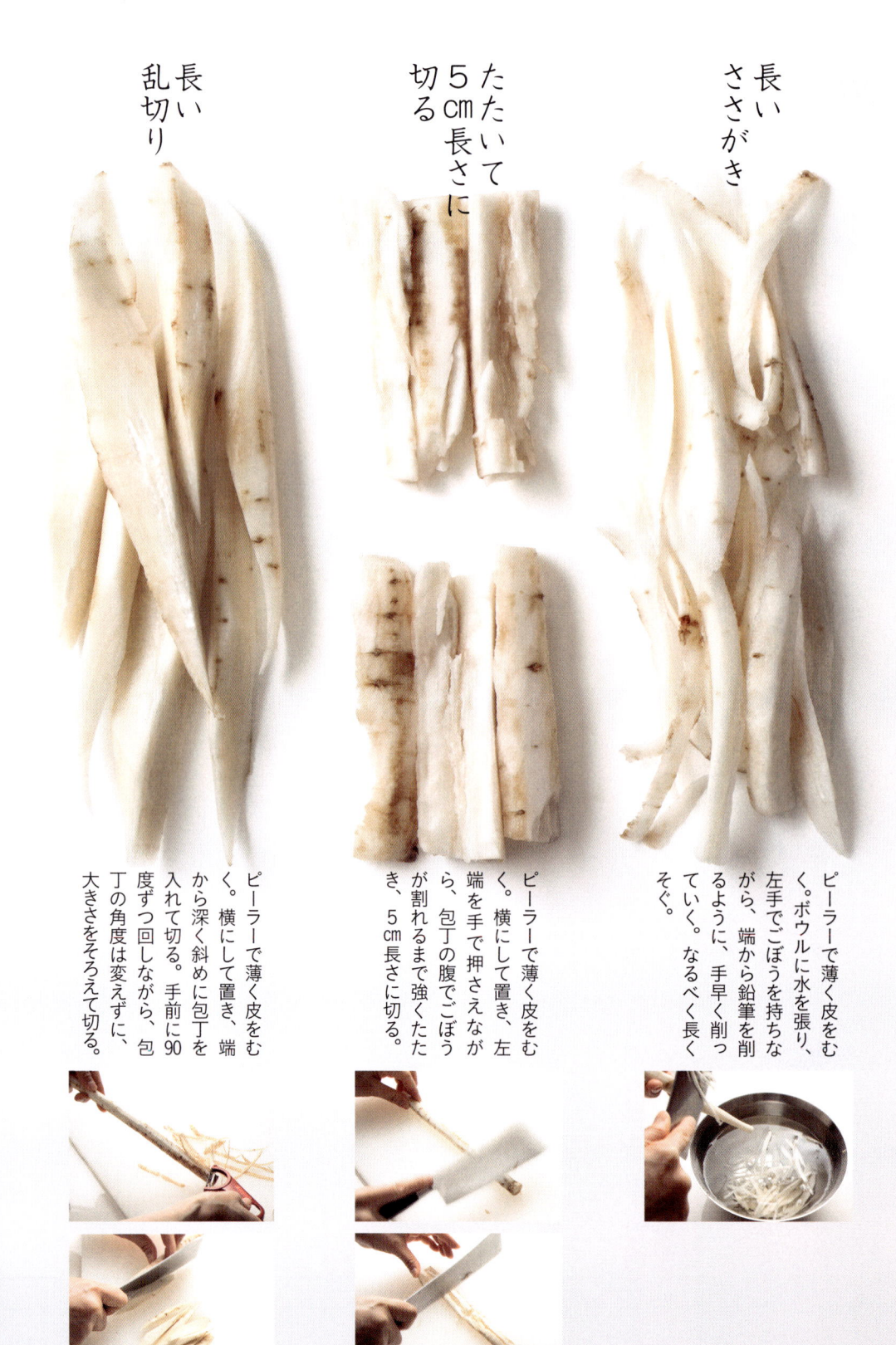

ピーラーで薄く皮をむく。横にして置き、左端を手で押さえながら、包丁の腹でごぼうが割れるまで強くたたき、5cm長さに切る。

長い乱切り

ピーラーで薄く皮をむく。横にして置き、端から深く斜めに包丁を入れて切る。手前に90度ずつ回しながら、包丁の角度は変えずに、大きさをそろえて切る。

長い乱切り
ごぼうとにんじんの揚げ煮

●炒め鍋に油を熱し、長い乱切りのごぼうとにんじんを揚げて、油をきる。鍋に油大さじ1を残して火にかけ、にんにくを炒めて香りが出たら、Aを加え、にんじんとごぼうを戻して、酒をふってからめる。

味はきんぴらに似ていますが、大きく切った分だけ食べごたえも充分です。

たたいて5cm長さに切る
ごぼうとちくわの炒め煮

●たたいて5cm長さに切ったごぼうは、水にさらして水気をきる。炒め鍋にごま油を熱し、ごぼうをしっかりと炒めてAで調味し、水とちくわも加えて10分煮て、粗びき黒こしょうをふる。

たたくと繊維がほどけて味がよくしみます。黒こしょうがぴりっと効いて香りもいい一品。

長いささがき
四川風ごぼうと豚肉炒め

●ごぼうの長いささがきは水にさらして水気をきる。炒め鍋に油を熱し、Aを入れて香りを出し、豚肉を炒め、しょうゆで調味したら、ごぼうを炒め合わせる。酒をふってふたをし、3分蒸し煮にして、水気がなくなるまで炒める。

ささがきは火が早く通り、こま切れ肉ともよくからみます。香辛料の辛みで減塩おかずに。

材料(4人分)
ごぼう　1本
にんじん(長い乱切り)　1本

にんにく(たたく)　1かけ
Aオイスターソース　大さじ½
　しょうゆ　小さじ1
酒　大さじ1
油　½カップ

材料(4人分)
ごぼう　1本
ちくわ(斜め切り)　2本

A酒　大さじ2
　しょうゆ　大さじ1
　はちみつ　小さじ1
水　½カップ
粗びき黒こしょう　小さじ⅓
ごま油　大さじ1½

材料(4人分)
ごぼう　1本
豚こま切れ肉　150g

A赤とうがらし(小口切り)　1本
　花椒　小さじ½
しょうゆ　大さじ1
酒　大さじ3
油　大さじ1

根 にんじん

一年中出回る五寸にんじんは、色鮮やかで表面がなめらかなものを目安に選びます。
豊富に含まれるカロテンは、生のままより油と一緒に加熱することで、吸収率がアップします。

せん切り

薄く皮をむき、茎のつけ根を切り落とす。横にして置き、斜めに薄く切る。ずらして重ね、端から細く切る。

さいの目切り

薄く皮をむき、茎のつけ根を切り落とす。縦3等分に切り、切り口を下にして縦に置き、根先から真ん中まで2等分の切れ目を入れ、端から1cm幅に切る。残りは縦3等分に切って、端から1cm幅に切る。

乱切り

薄く皮をむき、茎のつけ根を切り落とす。横にして置き、根先から包丁を斜め左に入れて切る。90度ずつ手前に回しながら、包丁の角度は変えずに、大きさをそろえて切る。

3等分

ピーラーで薄く皮をむき、茎のつけ根を切り落とす。横にして置き、長さを2等分に切る。さらに、上部を縦2等分に切る。

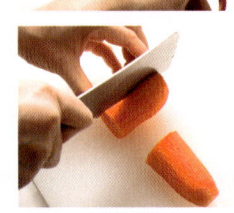

3等分 にんじんと牛肉の煮物

○鍋に油を熱して牛肉を炒め、酒をふって水を加える。にんじんの3等分を入れ、粒こしょうを加えて、煮立ったら弱火にしてふたをし、20分煮る。春雨を入れて5分煮、塩で調味する。

大きく切ったにんじんを歯触りが残るくらいに煮ます。にんじんと牛肉の甘さが引き立ち、春雨まで美味。

長いせん切り

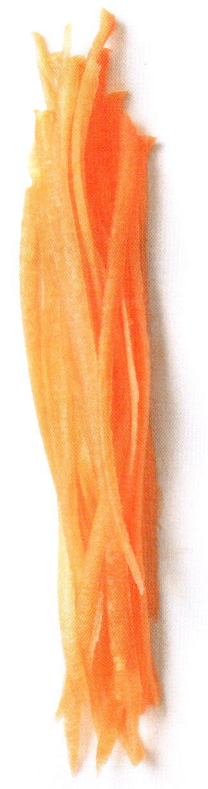

せん切り用のスライサーを使う。薄く皮をむき、茎のつけ根を切り落とす。ボウルにスライサーをのせ、刃ににんじんの側面を当てて、水平に動かしながら長いせん切りにする。

材料(4人分)	
にんじん 3本	酒 大さじ3
牛薄切り肉 200g	水 1½カップ
春雨 50g	粒こしょう 小さじ1
	塩 小さじ⅓
	油 大さじ1

乱切り にんじん、じゃがいも、玉ねぎの炒め煮

○炒め鍋に油を熱し、にんじん、じゃがいも、玉ねぎの乱切りを炒め、酒をふってふたをし、弱火で7〜8分蒸し煮に。Aで調味する。

おなじみの3種類を炒め煮に。すべて乱切りにして、煮えかげんも見た目も均一に。

材料(4人分)	酒 ½カップ
にんじん 1本	Aオイスターソース 大さじ1
じゃがいも(乱切り) 1個	塩 ひとつまみ
玉ねぎ(縦半分から乱切り)	こしょう 少々
1個	油 大さじ1

さいの目切り にんじんと鶏ささ身炒め

○鶏ささ身はAを順に加えて下味をつける。炒め鍋に油大さじ½を熱し、にんじんのさいの目切りを炒め、酒をふってふたをし、2〜3分蒸し煮にして取り出す。同じ鍋に残りの油を熱し、鶏ささ身を炒め、甜麺醤で調味し、にんじんと炒め合わせる。

ころころとして、歯触りも楽しい一品。甜麺醤の風味でうまみが増します。

材料(4人分)	Aこしょう 少々
にんじん 2本	酒 大さじ1
鶏ささ身(さいの目切り) 150g	塩 ひとつまみ
	かたくり粉 小さじ⅓
	酒 大さじ1
	甜麺醤 大さじ1
	油 大さじ1½

せん切り にんじんのシンプル炒め

● 炒め鍋に油を熱し、にんじんのせん切りを油がなじむように炒めて、塩、こしょうで調味する。

サラダ感覚の炒め物です。にんじんのしゃきしゃき感を残して炒めるのがこつ。

長いせん切り にんじんとマンゴーのあえ物

● にんじんの長いせん切りはさっとゆでて水気をきる。にんじんと干しマンゴーをボウルに入れ、Aであえる。

ふんわり切ったにんじんとマンゴーを、塩とごま油だけでシンプルに味わいます。

材料(4人分)
にんじん　2本
塩　小さじ¼
こしょう　少々
油　大さじ1½

材料(4人分)
にんじん　2本
干しマンゴー(せん切り)　30g
A 塩　小さじ¼
　こしょう　少々
　ごま油　大さじ1

根 蓮根

蓮根はふっくらと肉厚のものを選び、切り口が変色したものや穴の中が黒くなったものは古いので避けます。切ると変色するのはポリフェノールを含むため。切ったらすぐに水にさらし、白く仕上げたいときは酢水であく抜きを。

小角切り

皮をピーラーでむき、1cm厚さの輪切りにする。切り口を上下にして置き、縦1cm幅に切り、90度向きを変えてさらに縦1cm幅に切る。

棒状

皮をピーラーでむく。5cm長さに切り、切り口を上下にして置き、穴の上に包丁を渡して、縦3〜4等分に切る。1切れずつ縦に倒して置き、節のところを切る。

薄い輪切り

皮をピーラーでむく。横にして置き、端から垂直に包丁を当てて、数mm幅に切る。

厚い輪切り

皮をピーラーでむく。横にして置き、端から垂直に包丁を当てて、1cm幅に切る。

厚い輪切り 蓮根と豚肉の重ね蒸し

●豚肉はAを順に加え混ぜ、下味をつける。長いままの豚肉を蓮根の厚い輪切りと重ねて、せいろに並べ、強火で12分蒸す。

蓮根は蒸しすぎると歯ごたえがなくなるので、しゃきっとした食感を残すように蒸します。

みじん切り

皮をピーラーでむき、薄い輪切りにして、少し重ねながら置く。端からごく細かく切り、つながったところは向きを変えて、ざくざくと切り離す。

材料(4人分)	Aこしょう　少々
蓮根　250g	酒、しょうゆ、黒酢、
豚肉(しょうが焼き用)　6枚	しょうが(すりおろし)、
	上新粉　各大さじ1

薄い輪切り 蓮根と菊の花のあえ物

● 沸騰した湯に3％の酢（分量外）を加え、蓮根の薄い輪切りを7〜8分ゆで、水にさらして水気をきる。これをAで調味し、菊の花びらとあえる。

しゃきしゃきとした歯触りのよさを味わいます。菊の花のほか、にんじんの薄い輪切りでも。

棒状 蓮根といかの煮物

● 鍋に油を熱し、花椒といかを入れて炒め、酒をふって、蓮根の棒状を加え、水を注いで弱火に。ふたをして10分煮て、Aで調味する。

棒状に切ると表面積が増えてより味がのりやすくなります。ご飯にぴったりの煮物です。

材料(4人分)
蓮根　150g
菊の花(花びらを摘む)　5〜6個分
A　塩　小さじ1/5
　　こしょう　少々
　　ごま油　大さじ1

材料(4人分)
蓮根　200g
するめいか(1cm幅の輪切り)　1ぱい
花椒　10粒
酒　大さじ3
水　1/2カップ
A　しょうゆ　大さじ1/2
　　塩　小さじ1/5
油　大さじ1

小角切り 蓮根としょうがのスープ

● 鍋にAと蓮根の小角切りを入れて火にかけ、煮立ったら弱火にしてふたをし、15分煮る。Bを加え、Cでとろみをつけ、ごま油で香りをつける。

冬のビタミンCの供給源でもある蓮根。しょうがとのスープで、風邪予防にいかが。

みじん切り 焼き餃子

● 豚ひき肉にAの調味料を順に加えて混ぜ、蓮根のみじん切りを加え混ぜる。餃子の皮でこれを包み、油をひいたフライパンに並べて焼き、水を注いでふたをし、蒸焼きにする。

蓮根のしゃきしゃき感は充分。あんに味がついているので、たれなしでどうぞ。

材料(4人分)
蓮根　150g
A鶏ガラスープのもと　小さじ1
　水　4カップ
Bしょうが(すりおろし)　大さじ2
　塩　小さじ¼
　こしょう　少々
Cかたくり粉　大さじ1
　水　大さじ2
ごま油　大さじ1

材料(4人分)
蓮根　150g
豚ひき肉　200g
水　½カップ
油　大さじ1
Aこしょう　少々
　酒、しょうゆ、ごま油　各大さじ1
餃子の皮(市販)　1袋(24枚)

| 根 | **じゃがいも** 代表的な男爵とメークイン。どちらもふっくらとして重量感のあるものを選びます。調理によって切ったら水にさらす、あるいは水にさらさず手早く加熱する場合があります。男爵はほくほくしたうまみを、メークインはしゃきしゃきした歯触りを生かします。

せん切り

芽を取り除いて、皮をピーラーでむく。天地が縦長になるように置いて、端からごく薄くして重ね、端からごく細く切る。色が変わりやすいので、すぐに水にさらす。

薄切り

芽を取り除いて、皮をピーラーでむく。天地が縦長になるように置いて、端からごく薄く切る。

くし形切り

芽を取り除いて、皮をピーラーでむき、四つ割りにする。切り口の角をまな板に当て、包丁を角に向けて1cm幅に切る。

四つ割り

芽を取り除いて、皮をピーラーでむく。縦横2等分に切る。

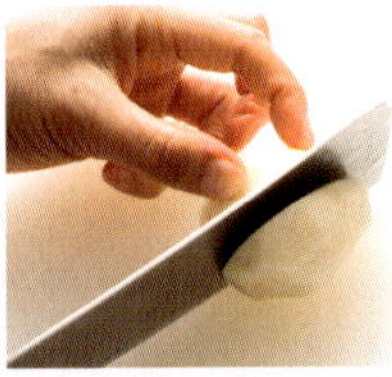

四つ割り じゃがいもの炊込みご飯

●米は洗って浸水させ、じゃがいもの四つ割りとAを加えて、普通に炊く。

ほっくり炊けたじゃがいもはご飯とも相性よし。あっさりしていておかずを選びません。

材料(4人分)
じゃがいも(男爵) 2個
米 3合
水 3合
A 鶏ガラスープのもと 小さじ1
　塩 ひとつまみ
　粗びき黒こしょう 小さじ¼
　油 大さじ1

くし形切り じゃがいものごままぶし

●炒め鍋に油を熱し、じゃがいものくし形切りを入れ、油がなじんだら混ぜたAを注ぎ、弱火でふたをして5分煮る。火が通ったら塩、すりごまを散らしてからめる。

くし形切りにするとあえ衣などもよくなじみます。冷えてもおいしいのでお弁当のおかずにも。

材料(4人分)	A鶏ガラスープのもと　小さじ½
じゃがいも(男爵)　3個	水　½カップ
	粗塩　ふたつまみ
	すりごま　大さじ3
	油　大さじ1

薄切り じゃがいもと蓮根のたらこあえ

●薄切りのじゃがいもと蓮根は、3%の酢(分量外)を加えた熱湯で5分ゆでて水にさらし、水気をきる。これをAであえる。

さわやかなあえ物。じゃがいもも蓮根も酢を加えることで、しゃきしゃき感が残ります。

材料(4人分)	Aたらこ　50g
じゃがいも(メークイン)　2個	粒マスタード　大さじ1
蓮根(薄切り)　100g	ごま油　大さじ1

せん切り じゃがいものピリ辛炒め

●炒め鍋に油とごま油を熱し、水にさらして水気をきったじゃがいものせん切りを入れ、油をなじませたらすぐに黒酢を入れ、しばらく炒めて豆板醤で味をつける。

火をさっと通したいときは、せん切りに。黒酢の効果でしゃきしゃき感が残り、風味も増します。

材料(4人分)
じゃがいも(メークイン)　2〜3個
黒酢　大さじ1
豆板醤　小さじ2/3
油　大さじ1
ごま油　大さじ1/2

根 しょうが

根しょうがは肉厚でみずみずしいものを選びます。
殺菌作用、消臭効果に加え、体を温める効果から特に人気の食材に。
切るほかに、すりおろしたり、たたいたりと扱い方も多彩です。

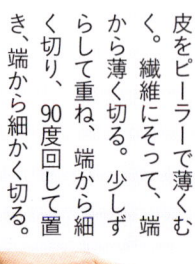

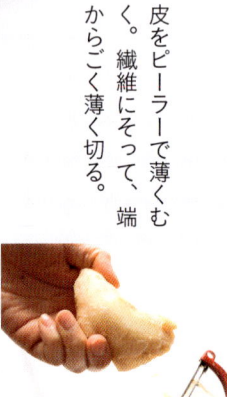

乱切りをたたく

皮をピーラーで薄くむく。端から包丁を斜め左に向けて切り、90度ずつ手前に回しながら大きさをそろえて切る。―切れずつ、包丁の腹でたたいてつぶす。

薄切り

皮をピーラーで薄くむく。繊維にそって、端からごく薄く切る。

せん切り

皮をピーラーで薄くむく。繊維にそって、端からごく薄く切る。少しずらして重ね、端からごく細く切る。

みじん切り

皮をピーラーで薄くむく。繊維にそって、端から薄く切る。少しずらして重ね、端から細く切り、90度回して置き、端から細かく切る。

乱切りをたたく　しょうがと鶏肉の塩煮

●鶏骨つきもも肉は、半分に切る。鍋に鶏肉、乱切りをたたいたしょうが、紹興酒を入れて火にかけ、煮立ったら弱火で15分煮る。塩で調味し、さらに5分煮る。

シンプル調理で鶏肉のおいしさを際立たせます。肉が大きいようなら、食卓で切り分けて。

すりおろし

皮をピーラーで薄くむき、すりおろす。

材料(4人分)	紹興酒　1カップ
しょうが　100g	塩　小さじ½
鶏骨つきもも肉　2本	

薄切り しょうがの甘酢漬け

○しょうがの薄切りは、塩をまぶして1時間おき、Aを加えてよく混ぜ、漬けておく。

はちみつの自然な甘みがさっぱりとした甘酢漬け。黒酢使いも味のポイント。

せん切り しょうがと豚ヒレ肉の炒め物

○豚ヒレ肉は繊維にそって細切りにし、Aを順に加えて下味をつける。炒め鍋に油を入れて熱し、豚ヒレ肉を炒め、水分がなくなったらBで調味し、しょうがのせん切りを加えて炒め合わせる。

ヘルシーで少し辛い大人向けの炒め物。しょうがは炒めると辛さもほどほどになります。

材料(4人分)	
しょうが 150g	塩 大さじ½
	A 黒酢 ½カップ
	はちみつ 大さじ2

材料(4人分)	
しょうが 50g	A こしょう 少々
豚ヒレ肉 250g	酒 大さじ1
	かたくり粉 小さじ¼
	油 大さじ½
	B しょうゆ 大さじ1
	はちみつ 小さじ1
	油 大さじ1

みじん切り 牛肉そぼろ

● 炒め鍋に油とごま油、赤とうがらしを入れて熱し、牛肉を入れて水分がなくなるまで炒める。Aを順に加えて調味し、しょうがのみじん切りを加えて炒め合わせる。

ご飯にかけたり、中華麺にかけたり、炒飯に加えたりと、応用自在の一品。

材料(4人分)
しょうが　50g
牛ひき肉　300g
A 酒　大さじ1
　しょうゆ　大さじ1½
　黒酢　大さじ1
　はちみつ　小さじ1
赤とうがらし(小口切り)　2本
油　大さじ½
ごま油　大さじ½

すりおろし ごまだれの冷やし中華

● Aを合わせてたれを作り、ゆでて水にさらし、水気をきった麺にかけ、あえてから香菜をのせる。

しょうがを加えるだけでごまだれの風味が増し、しかもさっぱりとします。

材料(4人分)
中華麺　4玉
香菜(3cm長さに切る)　3本
A しょうが(すりおろし)　大さじ4
　練りごま　大さじ4
　しょうゆ　大さじ4
　黒酢　大さじ4

実 なす

中国ではなすの皮がかたいので、必ずむいてから使います。日本の中長なすは皮までとてもやわらか。皮の扱い方によって、素材の性質もおいしさも変化するので、両方のやり方を紹介します。

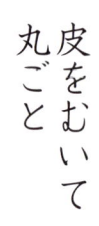

皮をむいて丸ごと

へたを切り落とす。なり口へ向けて、ピーラーで皮をすべて薄くむく。

縦四つ割り

へたを切り落として縦半分に切り、それぞれを縦半分に切る。

乱切り

へたを切り落とし、なり口から包丁の刃を斜め左に入れて切る。90度ずつ手前に回しながら、包丁の角度は変えずに、大きさをそろえて切る。

数か所皮をむいて斜め薄切り

へたを切り落とす。なり口へ向けて、ピーラーで縦に数か所皮を薄くむく。横にして置き、端から斜めに薄く切る。

皮をむいて丸ごと 蒸しなすのごまだれがけ

● 皮をむいて丸ごとのなすを、蒸し器で7～8分蒸す。Aの材料を混ぜてたれを作り、蒸しなすにかけ、みょうがをのせる。

皮をむくと火の通りが早まります。丸ごと蒸すと食べごたえがあって、油を使わない分、カロリーも低めに。

皮をむいてせん切り

へたを切り落とす。なり口へ向けて、ピーラーで皮をすべて薄くむく。縦に薄く切り、少しずらして重ね、端からごく細く切る。

材料(4人分)	A 練りごま　大さじ2
なす　5本	黒酢　大さじ2
	しょうゆ　大さじ1½
	こしょう　少々
	みょうが(縦薄切り)　1個

縦四つ割り なすの揚げ煮

●縦四つ割りのなすは、油で揚げて、油をきる。鍋にAを入れて煮立たせ、揚げなすを入れてからめ、溶いたBでうまみを閉じ込める。器に盛って青じそをのせる。

繊維にそって切ると、水分が保たれてジューシーに揚がります。黒酢の減塩効果で調味も控えめに。

材料(4人分)	A 黒酢　大さじ2	B かたくり粉　小さじ⅓
なす　4〜5本	酒　大さじ2	水　大さじ1
	はちみつ　大さじ½	揚げ油　適宜
	豆板醤　小さじ1	青じそ(せん切り)　10枚
	こしょう　少々	

乱切り/数か所皮をむいて斜め薄切り 麻婆茄子

●炒め鍋に油を熱し、牛肉を炒めて、酒と粉とうがらしを入れて、香りが出たらAで調味し、なすを加えて炒め合わせる。Bを注いでふたをし、5分蒸し煮にして、溶いたCでうまみをとじ、花椒粉をふり、万能ねぎを散らす。

2点とも同じレシピです。乱切りは食感がよく、斜め薄切りは繊維を断ちつつ残しつつの状態なので、やわらかに。

皮をむいてせん切り なすとトマト炒め

●炒め鍋に油を熱し、皮をむいてせん切りのなすを入れてしんなりとするまで炒め、一口大のトマトを炒め合わせる。Aで調味してにんにくで香りをつけ、溶いたBでとろみをつける。

せん切りは、火の通りが早いのに食感は程よく残り、トマトとのからみも抜群。

材料(4人分)
なす 4本
牛薄切り肉(ざく切り) 100g
酒 大さじ1
粉とうがらし 大さじ1/2
Aしょうゆ 大さじ1
 甜麺醬 大さじ1/2
B鶏ガラスープのもと 小さじ1/2
 水 1/2カップ
Cかたくり粉 小さじ1/2
 水 大さじ1
花椒粉 小さじ1/3
万能ねぎ(小口切り) 5本
油 大さじ2

材料(4人分)
なす 4本
トマト(完熟) 1個
A塩 小さじ1/4
 こしょう 少々
 にんにく(たたく) 1かけ
Bかたくり粉 小さじ1/2
 水 大さじ1
油 大さじ2

実 ピーマン

赤や黄のジャンボピーマンは完熟果で、肉厚で甘みの濃さが特徴です。緑色のピーマンは未熟果で、完熟したものが赤ピーマンです。ピーマンは炒めすぎると苦みが出るので、さっと火を通すことが大事。

薄い輪切り

へたのつけ根に包丁の刃を当て、切り落とす。つながったところを指で押し込み、へたと種を引き出す。横にして置き、端から5mm幅に切る。

ちぎって一口大

親指でへたの周囲を中へ押し込む。一か所を手で開いて、へたと種を取り除き、一口大にちぎる。

厚い輪切り

へたのつけ根に包丁の刃を当て、切り落とす。つながったところを指で押し込み、へたと種を引き出す。横にして置き、端から1cm幅に切る。

縦二つ割り

縦半分に切って、へたを取り、種を丁寧に取り除く。

縦二つ割り ジャンボピーマンの肉詰め蒸し

●鶏ひき肉にAを順に加え混ぜ、4等分にして、ジャンボピーマンの縦二つ割りにそれぞれ詰める。せいろに並べ、15分蒸す。

ジャンボピーマンを器にして、肉汁のうまみまでも封じ込めます。

せん切り

縦半分に切って、へたと種を取る。内側を上に向けて、端から縦にごく細く切る。

材料(4人分)	Aこしょう 少々
ジャンボピーマン 赤、黄各1個	酒 大さじ1
鶏ひき肉 250g	卵 1個
	しょうゆ 大さじ1
	塩 小さじ¼
	パン粉 50g
	ごま油 大さじ2

厚い輪切り ジャンボピーマンの炒め煮

●炒め鍋に油とこしょうを熱し、ジャンボピーマンの厚い輪切りを入れて炒め、酒をふってふたをし、2分たってしんなりとなりはじめたら、塩で調味する。

輪切りは繊維を断つので、肉厚のジャンボピーマンでも火の通りが早く、食べやすくなる切り方です

材料（4人分）	
ジャンボピーマン　赤、黄各1個	こしょう　少々
	酒　大さじ2
	塩　小さじ¼
	油　大さじ1½

ちぎって一口大 ピーマンと豚肉のみそ炒め

●炒め鍋に油を入れて熱し、豚肉を入れて炒め、Aで調味し、ちぎって一口大のピーマンを加えて炒め合わせる。

ちぎるとつぶれた繊維から香りが出て、さわやかな風味に。

材料（4人分）	
ピーマン　4〜5個	Aみそ　大さじ1
豚こま切れ肉　150g	酒　大さじ1
	こしょう　少々
	油　大さじ1

薄い輪切り ピーマンのシンプル炒め

● 炒め鍋に油とこしょうを熱し、ピーマンの薄い輪切りを入れ、油をなじませるように炒め、しんなりしはじめたら、しょうゆで味をつける。

ピーマンの持ち味が生き、適度な食感が残るのも輪切りのいいところです。

せん切り 青椒牛肉絲

● 牛肉は繊維にそってせん切りにし、Aを順に加えて下味をつける。炒め鍋に油を熱し、牛肉を入れて水分がなくなるまで炒め、ピーマンのせん切りを加えて炒め合わせ、Bで調味する。

野菜と肉をせん切りにそろえた、まるで切り方のお手本のような料理です。

材料(4人分)
ピーマン　4〜5個
こしょう　少々
しょうゆ　大さじ½
油　大さじ1½

材料(4人分)
ピーマン　5〜6個
牛もも厚切り肉(焼き肉用)
　200g
Aこしょう　少々
　酒　大さじ1
　しょうゆ　大さじ½
　かたくり粉　小さじ½
Bしょうゆ　大さじ½
　オイスターソース　大さじ½
油　大さじ1½

「子どもがピーマン嫌いになるのは炒めすぎて苦いから。さっと炒めてくださいね」ウー・ウェン

| 実 | # きゅうり | 中国では夏の水分補給に欠かせないのがきゅうりですが、皮がかたいため、必ずむいてから調理します。一方、日本の白イボ種は皮が薄く歯切れがいいので、皮をむかなくても美味。2か国の〝いいところ取り〟をご紹介します。 |

板状

横にして置き、横半分に切って、さらに横半分に切って、種の部分を水平にそぎ取る。切り口を上にして並べ、左右を少し切って、長さを3等分に切る。

せん切り

横にして置き、斜めに包丁を向けて、端からごく薄く切る。少しずらして重ね、端からごく細く切る。

皮をむいてたたいて3等分

ピーラーで薄く皮をむく。横にして置き、左手で端を押さえながら、右から左へ順に包丁の腹でたたいて割る。天地を切り落とし、3等分の長さに切る。

皮つきのままたたいて3等分

横にして置き、左手で端を押さえながら、右から左へ順に包丁の腹でたたいて割る。天地を切り落とし、3等分の長さに切る。

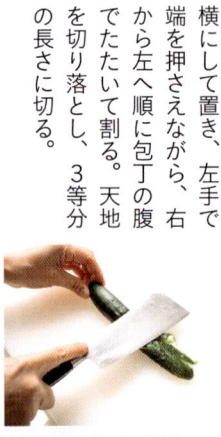

皮つきのままたたいて3等分 たたききゅうりのスープ

●鍋にAを入れて火にかけ、煮立ったら皮つきのままたたいて3等分にしたきゅうりを入れる。塩で味を調えてBでとろみをつける。とき卵を回し入れ、こしょうとごま油で香りをつける。

きゅうりはたたくことで食べやすくなり、独特の香りもさわやかなスープに。

菱形

横にして置き、端を斜めに切り落とし、斜めに長さを3～4等分に切る。それぞれ切り口を下にして置き、端からごく薄切りにすると、菱形になる。

材料(4人分)	A鶏ガラスープのもと　小さじ1
きゅうり　3本	水　4カップ
卵　2個	塩　小さじ1/3
	Bかたくり粉　大さじ1
	水　大さじ2
	こしょう　少々
	ごま油　大さじ1

「日本のきゅうりは生がいちばんおいしいので、あえ物を3品ご紹介します」ウー・ウェン

皮をむいてたたいて3等分
たたききゅうりあえ

●皮をむいてたたいて3等分にしたきゅうりを、Aで調味する。

皮をむくだけで、より清涼感のあるあえ物に。たたくことで味もしみて美味です。

せん切り
きゅうりのしょうゆあえ

●炒め鍋に油と粗くつぶした赤とうがらしを入れて火にかけ、香りが出たらしょうゆを加え、さらに香りが出たら、きゅうりのせん切りにかけてあえる。

せん切りは、しょうゆのホットドレッシングとよくなじみ、歯触りも残ります。

板状
きゅうりの陳皮あえ

●きゅうりの板状は、塩をふってよくもみ、1時間おいて、こしょう、ごま油に漬けて一晩おく。器に盛り、陳皮を散らす。

種を取ったことで、水が出なくて日もちがします。陳皮は、みかんの皮で作った自家製。

材料(4人分)
きゅうり　3本

A 塩　小さじ¼
　こしょう　少々
　ごま油　大さじ1½

材料(4人分)
きゅうり　3本

赤とうがらし　1本
しょうゆ　大さじ1
油　大さじ1

材料(4人分)
きゅうり　3本

塩　小さじ1
こしょう　少々
ごま油　大さじ1
陳皮(みじん切り)　小さじ1

菱形 きゅうりと鶏肉炒め

○炒め鍋に油を熱して鶏肉をじっくりと炒め、Aを順に加えて調味し、きゅうりの菱形を炒め合わせる。

菱形は、形そのものも美しく、こま切れ肉ともなじみやすい切り方です。

材料(4人分)	Aこしょう　少々
きゅうり　3本	酒　大さじ1
鶏こま切れ肉　150g	しょうゆ　大さじ1½
	油　大さじ1

実 かぼちゃ

ホクッとして程よい甘みのある栗かぼちゃ。丸ごと1個を切るときは、安定した状態に置いて、左手を包丁の背に添えながら、てこのように包丁を動かします。かたい皮はすべて薄くむいてから使います。

大きな三角形

かぼちゃは4等分に切って、皮をむく(◎参照)。4等分から横2等分に、さらに縦2等分に切る。

くし形切り

大きな三角形を4分の1個分用意する(左参照)。鋭角部分を下に、内側を上にして置き、鋭角と底辺を結びながら、端から1cm幅に切る。

一口大

かぼちゃは4等分に切って皮をむく(◎参照)、横4〜5等分に切る。それぞれを横向きに置いて、端から3〜4cm長さに切る。

薄切り

かぼちゃは4等分に切って皮をむく(◎参照)。横4〜5等分に切る。それぞれを横向きに置いて、端から5mm幅に切る。

大きな三角形 かぼちゃの蒸し物

●かぼちゃの大きな三角形は、せいろにのせて15分蒸す。Aを混ぜてたれを作り、蒸したかぼちゃにかける。

蒸しただけのかぼちゃの甘いこと。かぼちゃが残ったら、サラダや炒め物に使います。

材料(4人分)	A 練りごま　大さじ2
かぼちゃ　¼個	黒酢　大さじ2
	しょうゆ　大さじ1
	水　大さじ1
	こしょう　少々

◎4等分に切って、皮をむく

かぼちゃはへたの上にしっかり押さえ、4等分に切る。種はスプーンで中央に押して、かき取る。切り口をまな板に当て、包丁を皮にそわせて少しずつそぎ切る。刃が中まで入ったら左手でかぼちゃを動かしながら、少しずつ切る。包丁の刃を当て、左手を包丁の背に添えて、このように上下に動かしながら、少しずつ落とす。位置を変えながらこれを繰り返す。

「男性のかぼちゃ嫌いは、砂糖で甘く煮るからです。
塩やしょうゆで味つけしたら、きっと好きになりますよ」ウー・ウェン

くし形切り かぼちゃと豚肉の焼き煮

● かぼちゃのくし形切りに、豚バラ肉をくるくると巻く。鍋に肉巻きかぼちゃを並べて火にかけ、両面をこんがり焼く。Aを入れて煮立たせ、弱火にしてふたをし、5〜6分蒸し煮に。

くし形に切ったかぼちゃにぐるぐると肉を巻いたボリュームおかずです。お弁当のおかずにもおすすめ。

材料(4人分)
かぼちゃ　1/4個
豚バラ薄切り肉　200g

A 酒　1/2カップ
　しょうゆ　大さじ1
　塩　ひとつまみ
　こしょう　少々

一口大 かぼちゃの花椒煮

●鍋に油と花椒を入れて火にかけ、香りが出たらかぼちゃの一口大を入れ、油となじませる。水を加えて弱火にし、ふたをして10分煮、塩で調味する。

煮物には一口大が適しています。塩だけで調味すると飽きのこない味に。

薄切り かぼちゃのしょうゆ炒め

●炒め鍋に油とかぼちゃの薄切りを入れて火にかけ、じっくり炒める。火が通ったら、Aで調味する。

薄切りなので早く炒められます。しょうゆ味がご飯にぴったり。

材料(4人分)
かぼちゃ　¼個
花椒　10粒
水　½カップ
塩　小さじ⅓
油　大さじ1

材料(4人分)
かぼちゃ　¼個
Aしょうゆ　大さじ1½
　黒酢　大さじ½
　こしょう　小さじ¼
油　大さじ2

| 実 | トマト

緑黄色野菜の仲間です。流通事情がよくなって手に入りやすくなった完熟型トマトを使います。がくはピンとして、皮は張りとつやがあり、重量感のあるものが良品です。

二つ割り

包丁でへたの周囲に切れ目を入れて、取り除く。水平に包丁を入れ、横2等分に切る。

厚い輪切り

包丁でへたの周囲に切れ目を入れて、取り除く。水平に包丁を入れ、横4等分に切る。

乱切り

縦半分に切り、V字の切れ目を入れてへたと芯を取り除く。切り口を上にして、V字の切れ目に斜めに包丁を入れ、トマトを回しながら同じ大きさに切りそろえる。

みじん切り

縦半分に切り、V字の切れ目を入れてへたと芯を取り除く。切り口を上にして縦薄切りにし、少しずらして重ね、90度向きを変え、端からごく細く切る。最後にざくざく切る。

二つ割り トマトと羊肉の煮物

●鍋に油と羊肉を入れて火にかけ、肉の両面をよく焼く。Aを加え、トマトの二つ割りと粒こしょうをのせる。煮立ったら弱火にしてふたをし、20分煮る。汁が多ければ強火でからめる。

煮くずれしたトマトがソースになって、羊肉にうまみとやわらかな酸味を添えます。

材料(4人分)
トマト(完熟)　3個
羊骨つき肉　5〜6本
A しょうゆ　大さじ2
　｜酒　大さじ1
粒こしょう　10粒
油　大さじ½

厚い輪切り トマトのザーツァイあえ

●ザーツァイは味つけしたものはそのまま、塊の場合はスライスして30分程度塩抜きする。トマトの厚い輪切りとザーツァイを合わせて、こしょう、ごま油であえる。

ジューシーな厚い輪切りを、ザーツァイの塩気でいただきます。

乱切り トマトの卵炒め

●炒め鍋に油を熱し、といた卵を流し入れ、ゆっくりと固める。トマトの乱切りを炒め合わせ、トマトの角がとれたらAで調味し、溶いたBでとろみをつける。

卵を焼くときは、ふっくら大きな塊にすること。トマトの乱切りは水分が程よく出るので、卵焼きともよくなじみます。

材料(4人分)
トマト(完熟)　2個
ザーツァイ　50g
こしょう　少々
ごま油　大さじ1

材料(4人分)
トマト(完熟)　3個
卵　3個
Aはちみつ　小さじ1
　塩　小さじ1/4
　こしょう　少々
Bかたくり粉　小さじ1
　水　大さじ1
油　大さじ2

みじん切り えびのチリソース

●炒め鍋に油とAを入れて炒め、香りが出たら豆板醤を炒め合わせ、トマトのみじん切りを加える。半分まで煮つめてオイスターソースで調味。ゆでて水気をきったえびにかたくり粉をまぶし、チリソースに加えてからめる。

みじん切りは炒めるだけでトマトソースになり、皮つきでも気になりません。

材料(4人分)
トマト(完熟)　3個
むきえび　300g
かたくり粉　小さじ1
A しょうが(みじん切り)　1かけ
　にんにく(みじん切り)　1かけ
　長ねぎ(みじん切り)　10cm
豆板醤　小さじ1
オイスターソース　大さじ1
油　大さじ2

「フレッシュトマトで作るチリソースは、子どもから大人まで、すべての人に大人気です」ウー・ウェン

花 カリフラワーとブロッコリー

キャベツの仲間で花のつぼみを食べる野菜たちです。カリフラワーは糖質などが多く、独特の甘みがあります。ブロッコリーは栄養豊富でアスパラガスにも似た味わい。味わいは異なるので、それぞれに向く料理をご紹介します。

丸ごと

株元を少し切って外葉を取り、花蕾のすぐ下まで茎を切り落とす。

六つ割り

芯の中心に包丁の刃を入れて2等分に切り、さらに芯に包丁を当てて、それぞれ3等分に切る。

四つ割り

花蕾のすぐ下まで茎を切り落とし、芯に包丁の刃を当てて2等分に切り分ける。さらに芯に包丁を当ててそれぞれ2等分に切る。残った茎は皮をむいて、好みに切って使う。

小房に分ける

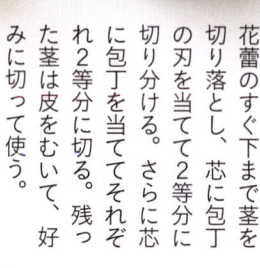

花蕾のすぐ下まで茎を切り落とし、茎にそって小房を切り落とす。残った部分は二つ三つに切り分ける。

丸ごと カリフラワーの豆乳鍋

●土鍋にカリフラワーの丸ごと、水と豆乳1カップを入れて火にかける。煮立ったら弱火にしてふたをし、15分煮る。残りの豆乳を加え、再び煮立ったらAのたれをつけていただく。

カリフフラワーは火の通りがいいので、丸ごとでもよく煮えます。煮くずれするまで煮ないように気をつけて。

材料(4人分)	豆乳 4カップ	A 豆板醤 大さじ1
カリフラワー 1個	水 1カップ	ごま油 大さじ2
		はちみつ 大さじ1/2

六つ割り カリフラワーのみそ焼き

● フライパンにごま油とカリフラワーの六つ割りを並べて火にかける。両面を色づくまでじっくりと焼き、Aを合わせて加え、ふたをして弱火で5分蒸焼きにする。

みそが少し焦げるまで焼いて、こくを出します。断面からよく熱が入り、味もしみやすくなるのです。

四つ割り 蒸しブロッコリーの豆豉ソースがけ

● せいろにブロッコリーの四つ割りと一口大に切った厚揚げをのせ、3分蒸す。炒め鍋に油、長ねぎ、豆豉を入れて火にかけて炒め、香りが出たら酒をふり、こしょうも加える。これを蒸したブロッコリーと厚揚げにかける。

豆豉ソースが食欲をそそります。

材料(4人分)	
カリフラワー 1個	A みそ 大さじ1½
	酒 大さじ3
	ごま油 大さじ2

材料(4人分)	
ブロッコリー 1個	長ねぎ(みじん切り) ½本
厚揚げ 1枚	豆豉 20g
	酒 大さじ3
	こしょう 少々
	油 大さじ1½

「素材を大きく切るだけで、ボリュームのあるおかずになって」ウー・ウェン

小房に分ける カリフラワーのあえ物

● 小房に分けたカリフラワーはさっとゆでて水にさらし、水気をきる。塩、こしょう、ごま油で調味する。

使うことの多い形なので、基本に忠実に調えてください。

材料(4人分)	
カリフラワー 1個	塩 小さじ1
	こしょう 少々
	ごま油 大さじ1

小房に分ける ブロッコリーとたこのあえ物

● 小房に分けたブロッコリーはさっとゆでて水にさらし、水気をきる。炒め鍋にAを入れて煮立たせ、ブロッコリーとたこにかけてあえる。

2種のうまみをシンプルに味わいます。

材料(4人分)
ブロッコリー 1個
ゆでだこ(一口大に切る) 100g

Aオイスターソース、酒、油 各大さじ1
 こしょう 少々

ウー・ウェン

中国・北京生れ。北京師範大学卒業。1990年来日。東京と北京で主宰する料理教室のほか、テレビや雑誌、書籍などで幅広く活躍。料理は包丁1本、まな板1枚、炒め鍋一つあればOK、素材の組合せも味つけもシンプルにがモットー。著書に『ウー・ウェンの きれいなからだの基本献立』(文化出版局)、『ウー・ウェンの黒酢でおかず』『ウー・ウェンの小麦粉料理 餃子 春巻 焼売』(共に高橋書店)など多数。

ウー・ウェンクッキングサロン
電話03-3447-6171
E-mail lin-wu@ii.em-net.jp

ブックデザイン　若山嘉代子　若山美樹　L'espace
撮影　三木麻奈
スタイリング　池水陽子
イラスト　若山美樹
料理アシスタント　田中憲子　伊豆田頼子　中村明美　城野洋子　高野佐和子　後藤真由美
校閲　山脇節子
編集　浅井香織(文化出版局)

ウー・ウェンの
野菜料理は切り方で決まり!

発　行　2011年5月1日　第1刷

著　者　ウー・ウェン
発行者　大沼 淳
発行所　学校法人 文化学園 文化出版局
　　　　〒151-8524 東京都渋谷区代々木3-22-7
　　　　電話03-3299-2565(編集)
　　　　　　03-3299-2540(営業)
印刷・製本所　凸版印刷株式会社

© Wu Wen 2011
Photographs © Mana Miki 2011
Printed in Japan
本書の写真、カット及び内容の無断転載を禁じます。

Ⓡ本書の全部または一部を無断で複写(コピー)することは、著作権法上での例外を除き、禁じられています。
本書からの複写を希望される場合は、日本複写権センター(電話03-3401-2382)にご連絡ください。

文化出版局のホームページ　http://books.bunka.ac.jp/